Le cœur perdu d'Élysabeth

Dans la même collection :

La Première Fois de Sarah-Jeanne

Marie Gray

Le cœur perdu d'Élysabeth

roman

Guy Saint-Jean
ÉDITEUR

Catalogage avant publication de Bibliothèque et Archives nationales du Québec et Bibliothèque et Archives Canada

Gray, Marie, 1963-
Le cœur perdu d'Élysabeth
(*Oseras-tu ?*)
Pour les jeunes.
ISBN 978-2-89455-330-5
I. Titre.
PS8563.R414C63 2009 jC843'.54 C2009-941948-3
PS9563.R414C63 2009

Nous reconnaissons l'aide financière du gouvernement du Canada par l'entremise du Programme d'aide au développement de l'industrie de l'édition (PADIÉ) ainsi que celle de la SODEC pour nos activités d'édition. Nous remercions le Conseil des Arts du Canada de l'aide accordée à notre programme de publication.

Patrimoine canadien Canadian Heritage Canada Conseil des Arts du Canada Canada Council for the Arts SODEC Québec

Gouvernement du Québec — Programme de crédit d'impôt pour l'édition de livres — Gestion SODEC

Conception graphique : Christiane Séguin
Révision : Lysanne Audy

Dépôt légal — Bibliothèque et Archives nationales du Québec, Bibliothèque et Archives Canada, 2009
ISBN : 978-2-89455-330-5

Distribution et diffusion
Amérique : Prologue
France : De Borée
Belgique : La Caravelle S.A.
Suisse : Transat S.A.

Guy Saint-Jean Éditeur inc.
3154, boul. Industriel, Laval (Québec) Canada. H7L 4P7. 450 663-1777.

Guy Saint-Jean Éditeur France
30-32, rue de Lappe, 75011, Paris, France. 09.50.76.40.28.
Courriel : gsj.editeur@free.fr

Imprimé et relié au Canada

ASSOCIATION NATIONALE DES ÉDITEURS DE LIVRES

À Samuel et Charlotte,
merci d'être là…

Prologue

Alors, je commence où ?

Le soleil commence à se faire discret sur la mer en ce 24 décembre, teintant les nuages de toutes sortes de mauves, d'orangés, de gris, aussi. Une journée magnifique s'achève, la première d'une semaine avec mes parents en République Dominicaine, et j'ai peine à croire que je suis bien ici, au chaud. J'imagine Sarah-Jeanne et Julianne là-bas, dans la neige, tandis que moi, les fesses dans le sable, je me laisse caresser par le vent chaud des Caraïbes.

Je n'avais jamais cru qu'il pouvait exister autant de nuances de bleu, de turquoise, de blanc et de beige, que la mer pouvait se mêler aussi magnifiquement au ciel. Moi qui ai pourtant toujours été sensible aux couleurs, je découvre qu'après tout, je n'en connaissais que quelques-unes. Il y en a tant de nouvelles à découvrir ! Ici, je suis servie. Voilà donc pourquoi on l'appelle « la république des couleurs » ! Je prends des dizaines de photos, j'essaie de capturer chaque teinte de tout ce qui m'entoure, selon l'heure de la journée, selon mon humeur, aussi… C'est fantastique.

Depuis que ma mère m'a offert mon premier appareil-photo, vers l'âge de huit ou neuf ans, la photo est ma façon à moi de mettre une image sur mes sentiments, comme si ça me permettait de mieux les comprendre, j'imagine. Tout ce que je vois prend une autre dimension, une profondeur différente, et dévoile un sens secret qui se révèle à moi et me laisse voir l'invisible… Quand je prends des gens en photo, j'essaie de le faire à leur insu, précisément pour cette raison. Ils sont parfois étonnés du résultat, mais je sais que c'est leur vrai visage qui paraît alors. «Je me ressemble pas!» disent-ils souvent. Comment sait-on, au juste, à quoi on ressemble? On se fait souvent une idée complètement différente de ce dont on a l'air... En tout cas, moi, je l'ai fait longtemps.

Ce n'est pas la première fois que je vois la mer, mais c'est certainement la première fois que je vois *cette* mer, une mer de carte postale. Je m'imagine sur une photo d'agence de voyages, fille contemplant les vagues sur fond de grands palmiers. Une image de paix et de sérénité, de bonheur tranquille, sans histoire. Ouf! pas tout à fait. Non, «sans histoire» ne s'applique certainement pas à moi. Oh! le bonheur reviendra sans doute, j'imagine que le temps fera son œuvre. En attendant, je suis comme un animal blessé léchant ses plaies. Il paraît que l'eau de mer aide à guérir les blessures. Toutes les blessures? Même celles du cœur? C'est à suivre…

Mes parents ont décidé de venir passer le temps des fêtes ici cette année. Ils avaient besoin, autant que moi, de s'éloigner un peu de chez nous, de faire le vide sur cette année horrible qui se termine. Ils ont traversé un orage, eux aussi, à leur façon. Je n'avais pas réalisé que mes parents en étaient presque venus à se séparer à l'automne. Je ne l'aurais pas pu; je ne réalisais pas grand-chose à ce moment-là. J'avais, disons, mes propres démons à combattre. Mais je suis contente qu'ils aient décidé de tenter de se réconcilier. Sans doute voient-ils que j'ai besoin d'eux. Je ne l'aurais jamais admis avant, mais depuis quelques mois, c'est bien le cas.

Ma tempête à moi, qui a débuté il y a presque un an jour pour jour, a fait pas mal de dégâts et me laissera sans doute plusieurs cicatrices longues ou impossibles à guérir complètement.

Je passerai donc Noël ici, au chaud, ainsi que mon anniversaire. Étrange. Moi qui ai toujours passé mes anniversaires dans la neige. Dix-sept ans cette année. J'entends encore ma mère me dire, à pareille date l'an passé, que je vivais les plus belles années de ma vie. Que la simplicité et l'insouciance de l'adolescence, c'était merveilleux, et que, dans quelques années, je donnerais tout pour pouvoir y revenir. Hum… Peut-être est-ce vrai pour plusieurs personnes. Mais en ce qui me concerne, si la dernière année était une des plus belles de ma vie, je ne veux surtout pas savoir à quoi ressemblerait ma plus mauvaise!

Mon cœur, lui, bat toujours même s'il est encore fragile. Je me surprends de plus en plus souvent à sourire, mais la colère est toujours là qui gronde; puis, mes yeux se remplissent d'eau, d'une tristesse de plus en plus vague mais bien réelle. Tout ça est beaucoup moins difficile à endurer maintenant qu'il y a quelques semaines, cependant. Et j'imagine que ça va continuer à s'améliorer grâce à mes nouvelles amies, Sarah-Jeanne et Julianne, et aux autres, Frédérick, Mélo et Justin, Simon-Pierre et Olivier. Malgré la chaleur, je frissonne en me demandant où j'en serais sans eux. Oui, je frissonne souvent depuis quelque temps.

J'ai encore tant de peine à croire tout ce qui s'est passé dans la dernière année. Comme si cette fille devant la mer sur la carte postale était une autre que moi, comme si elle était celle que j'étais avant. Je voudrais tant la retrouver, cette ancienne Élysabeth! Moi, j'ai encore peur. Peur de revivre certaines choses, peur d'être prise au piège. Aux pièges. La culpabilité de m'être laissée entraîner dans un tourbillon m'étouffe. La douleur de ce que j'ai perdu et la honte aussi. C'est pourquoi je me suis donné un objectif pendant cette semaine de mer et de chaleur. Pendant que les autres jeunes qui m'entourent apprendront des pas de merengue sur la plage ou s'amuseront dans l'immense piscine de l'hôtel, moi, je vais faire un grand ménage dans mon cœur. Je vais tout décortiquer, analyser à coup de grandes marches sur la plage et de contemplation de l'océan. Alors, je commence où ? Avec le cadeau que Julianne et Sarah-Jeanne m'ont offert la veille de mon départ ? Non, pas tout de suite. Elles m'ont fait promettre d'attendre d'être calme, d'être prête à regarder devant avant de l'ouvrir. Je n'y suis pas tout à fait. Presque. Alors, j'imagine que je devrais bien commencer par le commencement, comme on dit, c'est-à-dire avec Nico, puisque c'est bien avec lui que tout a commencé...

Chapitre 1

Il était une fois...

Nico a toujours fait partie de ma vie. Nous avons grandi ensemble, dans cette même banlieue ordinaire et confortable où nous habitons toujours, et vécu une enfance sans histoire. Mes parents avaient choisi ce nouveau quartier en même temps que les siens. J'avais deux ans et lui, trois. En bons voisins, ils ont sympathisé, et c'est comme ça que nous sommes devenus amis. Un simple hasard. Un hasard qui a pris une place énorme dans ma vie. Nous aurions très bien pu ne pas nous entendre du tout, mais le destin en décida autrement: nous sommes vite devenus inséparables.

Déjà, au tout début, nos parents respectifs s'amusaient à faire toutes sortes de scénarios concernant notre vie future. Ils nous imaginaient déjà dans une union qui durerait la vie... «Oh, les amoureux! Sont tellement *cutes*! Ce serait tellement drôle qu'ils finissent ensemble!» À croire que ma mère n'en pouvait déjà plus d'attendre que je grandisse: j'étais à peine sortie des couches que déjà elle me voyait en couple!

Des scénarios, elle en avait déjà élaboré plusieurs, comme si elle passait sa vie à planifier ce que serait la mienne. Tout ce qu'elle m'offrait, chaque opportunité qui se présentait, devenait prétexte aux sempiternelles : « Tu ne sais pas la chance que t'as ! » et autres : « Moi, à ton âge, j'avais pas ceci ou cela ! ». « Moi, à ton âge » est sans doute le début de phrase que j'ai entendu le plus souvent de toute ma vie. Quand j'ai commencé l'école, j'étais habituée aux lubies de ma mère. De toute manière, je pense que déjà, à cet âge, j'avais compris qu'il ne servait à rien d'essayer de lui faire voir mon point de vue. Tant que je correspondais à l'image qu'elle voulait que je projette, tout allait bien. Elle ne voulait pas que je sois un garçon manqué, mais elle refusait obstinément de me voir devenir une petite princesse et encore moins d'en avoir l'allure.

Ma mère avait aussi des règles très strictes en ce qui concernait mon comportement. Je devais être polie, bien m'exprimer et toujours demander la permission. Il était hors de question que j'ose poser les coudes sur la table aux repas ou que je fasse le moindre bruit en mangeant ! Elle a tout fait pour que je sache lire avant même de commencer la maternelle et elle a réussi. Voilà un exploit dont elle n'est pas peu fière ! Je me sentais parfois comme une bête de cirque. Je me revois avec mes parents dans un restaurant chic du centre-ville où nous étions allés avec quelques-uns des collègues de travail de ma mère. Je devais faire ma grande fille, mais j'avais l'impression d'être exposée là comme un bibelot, un trophée, une décoration, surtout lorsqu'elle me faisait lire à voix haute, mine de rien, un livre de contes qu'elle avait apporté pour me désennuyer. Je me suis donc habituée à me faire dire que j'étais *tellement* sage, gentille, en avance et mature pour mon âge !

La moyenne n'a jamais été une option pour ma mère, la médiocrité encore moins. Seulement l'excellence. Je n'avais tout simplement pas le droit à l'échec. Partout, il fallait que je sois la meilleure, celle qu'on remarquait, la petite fille parfaite. Cependant, je dois bien avouer que j'en retirais bien des avantages. J'étais le chouchou des profs, j'obtenais tous les privilèges, mentions, honneurs, et, surtout, ma mère me laissait tranquille. Si j'avais su qu'elle se préparait à prendre le contrôle de chaque facette de ma vie, j'aurais peut-être essayé de me rebeller pendant qu'il en était encore temps. Mais je n'étais qu'une enfant, une toute petite fille de rien.

Pour en revenir à Nico, les premières années de notre amitié sont floues. Mais comme ma mère adore prendre des photos, elle aussi, il reste des milliers de souvenirs de cette époque, autant de moments témoignant de mon enfance dorée. Comme les caméras numériques n'étaient pas encore très courantes à cette époque, plusieurs de ces photos sont vraiment manquées, d'un point de vue artistique; mais ma mère est incapable de jeter la moindre photo de moi ou de quiconque, aussi mauvaise soit-elle.

Tant mieux, car les photos ratées sont souvent celles que je préfère. Il y en a de moi, petite fille rousse, « carotte », comme le diraient plus tard les enfants à l'école, avec des cheveux bouclés toujours emmêlés, mes maudites taches de rousseur qui m'exaspéraient déjà; de Nico, avec ses grands yeux bleus aussi perçants que des rayons laser et ses fossettes si mignonnes; de lui et moi dans une embrassade tout enfantine devant un château de sable; au parc, de Nico et moi dévalant la glissoire, de grands sourires idiots et édentés au visage. Des années simples, joyeuses.

Nico a fait son entrée à la maternelle un an plus tôt que moi, et, au fil du primaire, les choses ont commencé à changer. Et comme Nico n'était pas dans ma classe, nous nous sommes un peu perdus de vue. Oh! pas complètement ni volontairement. Tant que les belles soirées d'été duraient, il nous arrivait fréquemment de les passer ensemble à faire du vélo et à jouer à la balle ou au hockey dans la rue, et une belle complicité continuait de nous unir.

Pendant ce temps, nos mères — surtout la mienne! — poursuivaient leurs insinuations: « Toi et Nico, vous êtes TELLEMENT beaux! Je parie que dans plusieurs années vous allez sortir ensemble! » Ce genre de commentaire attirait inévitablement une grimace de ma part et un furieux rougissement d'embarras chez Nico. Cependant, sans vouloir l'admettre, je pense que je commençais déjà à espérer, secrètement, que ce soit vrai.

Durant l'automne et l'hiver, nous ne nous voyions presque pas. Nico jouait au hockey depuis aussi longtemps que je skiais, et ça prenait de plus en plus d'importance dans sa vie. Il était d'ailleurs très bon, et son père l'encourageait de toutes les façons possibles. En conséquence, toutes ses fins de semaine de l'année y passaient tandis que moi, je partais au chalet avec mes parents. En effet, ma mère avait insisté pour acheter un chalet l'année où j'ai commencé la maternelle. Elle se remettait au ski, il allait donc de soi que ça m'incluait. Toutes les fins de semaine, cours obligatoires. J'allais devenir monitrice de ski, et le plus tôt serait le mieux ! Ce n'était pas une option, c'était dans l'ordre naturel des choses. Et puis, ça lui permettrait de se vanter auprès de ses amis et de venger son honneur. Ne disait-elle pas toujours : « Moi aussi, j'avais du talent, mais mes parents n'auraient jamais pu nous offrir des cours, encore moins un chalet ! » Je me demandais bien ce que ma mère aurait fait si elle ne m'avait pas eue pour vivre ses vieux rêves...

Bref, les années passaient, et Nico et moi sommes devenus préadolescents. À onze ans, quelques-unes de mes amies avaient déjà un chum. Je trouvais ça un peu ridicule, mais ça ne me regardait pas. J'avais beau leur expliquer que Nico et moi, c'était différent, qu'on aimait les mêmes choses et qu'on avait du plaisir à être ensemble, mais elles s'obstinaient à prétendre que nous étions amoureux, se faisant entre elles de petits sourires entendus, disant que c'était justement ça, être amoureuse. Je les laissais faire. Pour moi, Nico représentait bien davantage le frère que je n'ai jamais eu, et je pense que c'était à peu près la même chose pour lui. Nous nous racontions des choses secrètes, intimes, nos rêves, nos peurs, nos questions. Peut-être, après tout, que c'étaient là les premiers balbutiements de nos futures amours, je n'en sais rien...

Chacun de nous connut de petites amourettes sans conséquence. Nico commençait à me manquer, les occasions de nous voir se raréfiaient, et ce fut encore pire lorsque ma mère m'inscrivit au secondaire dans une école privée pour, disait-elle, me donner les meilleures chances de réussir dans ma vie. Je n'avais pas vraiment d'objection. Une école ou l'autre, ça n'avait pas d'importance. Je perdrais bien quelques amies de vue, mais aucune d'entre elles n'était suffisamment proche pour que ce soit dramatique, et les plus importantes habitaient tout près de chez moi. Il n'y avait donc aucun problème. De plus, j'avais toujours eu beaucoup de facilité à me faire de nouveaux amis. Tout au long de mon école primaire, j'avais eu des tonnes d'amies et je préférais de loin être populaire et bien entourée plutôt que d'avoir une seule *best*, exclusive. Et pour être populaire, je l'étais. Était-ce parce que j'étais toujours impliquée dans un tas d'activités, que je réussissais très bien dans la majorité des cas ? Il me semble enfin que ça coulait de source, que tout était facile, simple.

Je réussis à l'examen d'admission à l'Académie Sainte-Croix sans surprise. Entre-temps, Nico, lui, avait fait son entrée à la polyvalente et il sembla disparaître complètement de ma vie. J'espérais secrètement que le hasard nous permettrait de nous croiser, mais la saison régulière de hockey avait débuté et l'occasion ne se présenta pas. Il me manquait confusément, comme si je l'avais toujours en arrière de la tête, mais j'étais bien occupée, moi aussi, avec un tas d'autres choses, et les semaines passaient à une vitesse folle.

Dès la rentrée, j'ai constaté que je connaissais déjà plusieurs personnes de mon ancienne école. Nous nous sommes acclimatés ensemble, donc ça a rendu les choses encore plus faciles. Pendant cette première année de secondaire, peu de choses importantes se produisirent, mis à part que je fus choisie comme photographe pour certains événements de l'école. Ces photos étaient destinées au site Internet de l'école et au journal étudiant. J'étais flattée, car même si moi, je trouvais mes photos satisfaisantes, il était bon de savoir que je n'étais pas la seule ! Même madame Gagnon, la prof qui donnait l'atelier de photo à l'école, était d'accord :

— C'est comme si tu voyais à travers les choses...

Ça m'a fait drôle. C'était exactement comme ça que je me sentais.

C'est elle qui m'a annoncé que le directeur voulait que je devienne la photographe étudiante officielle. Je jubilais. Entre-temps, j'apprenais à jouer avec la lumière et à trouver de nouveaux angles intéressants. J'ai pris des centaines de photos tant pour l'école que pour moi-même.

Lorsque j'ai eu entre les mains le premier numéro du journal dans lequel six de mes photos étaient publiées, je ne tenais plus en place. Je me sentais vibrante, excitée. Devrais-je le montrer à ma mère ? Sans doute serait-elle assez fière de moi. Cela devint une autre réussite dont elle pouvait se vanter.

Le temps coulait doucement et je changeais, autant à l'extérieur qu'à l'intérieur. J'avais des seins et j'en étais fière, mais ma mère refusait de me laisser mettre de jolis soutiens-gorge en dentelle ou de couleur comme en portaient mes amies. Que des blancs, ordinaires. « Tu grandis bien assez vite comme ça, t'es pas obligée d'essayer d'avoir l'air d'une femme tout de suite ! Si tes amies veulent avoir l'air de pitounes, c'est leur problème ! » Mais de quoi parlait-elle ? Elle aurait voulu que je les cache ? Quand j'ai eu mes règles, ma mère en a fait tout un plat. « Ma petite fille est maintenant une femme ! Pauvre toi, beaucoup de choses vont changer... » Elle avait l'air triste, et je pensais qu'elle se mettrait à pleurer. Ce n'était tout de même pas si pire que ça ! Évidemment, l'idée d'avoir des maux de ventre chaque mois, de devoir trimballer tout l'attirail à l'école et d'avoir peur de tacher mes vêtements à tout moment n'était pas très réjouissante, mais je ne voyais pas de quoi en faire un drame.

Le maquillage était une autre source de discorde entre nous deux. Plusieurs de mes amies se maquillaient depuis déjà un bout de temps. Je trouvais qu'un peu de mascara et une ligne tracée au crayon mettaient mes yeux verts en valeur, mais la seule fois où j'avais osé le faire, ma mère avait piqué une crise. Refusait-elle de me voir vieillir ? Je trouvais ça tellement injuste !

De dispute en chicane, les mois passaient. Un bon soir, j'ai croisé Nico au centre commercial. Je lui ai fait un petit salut de la main. Il n'a pas réagi. Puis, il a fini par y répondre en souriant, un air surpris au visage. Quand il s'est approché, sa surprise s'est transformée en gêne, et je ne comprenais pas pourquoi. Il a même rougi, arrivé tout près, et son visage a pris une teinte nettement écarlate. Il avait changé un peu : il était plus grand, avait peut-être l'air un peu plus vieux, aussi, mais son regard perçant était le même.

— Allô, Ély. Wow ! Je veux dire, excuse-moi, je t'avais pas vraiment reconnue. T'as changé pas mal...

— Ah, oui ? J'sais pas. Comment tu vas ? Tu joues toujours au hockey ? Je vais essayer d'aller te voir jouer un moment donné.

— Oui, ça serait l'fun. On joue souvent à l'aréna près de chez nous.

Mais je n'en fis rien, pas cet hiver-là. En arrivant chez moi, je me regardai attentivement dans le miroir de ma chambre. Ça ne s'était pas passé du jour au lendemain, alors je n'avais pas vraiment remarqué. Oui, j'avais changé. Je n'étais vraiment plus une petite fille, malgré ce que voulait croire ma mère.

* * *

J'ai commencé à réellement m'intéresser aux garçons l'année suivante, à Vincent plus particulièrement. Je n'osais pas vraiment en parler, surtout pas à ma mère, car elle m'aurait posé des millions de questions auxquelles je n'étais pas prête à répondre. Et d'ailleurs, je ne savais même pas si Vincent m'avait remarquée ou non. Je le connaissais depuis l'année précédente, mais c'est vers la fin de mon deuxième secondaire que j'ai commencé à le voir différemment.

Très sportif, il faisait partie de l'équipe de natation de l'école et jouait, lui aussi, au hockey. Mes amies, qui rêvaient de voir un nouveau couple se former, me talonnaient sans cesse pour que je lui fasse connaître mon intérêt. Elles étaient certaines que je n'avais qu'à faire les premiers pas pour que nous sortions ensemble. Il paraissait plus vieux que son âge; il dépassait les autres garçons de la classe d'une bonne tête et sa voix était déjà grave et chaude. Il n'avait que quatorze ans, lui aussi, mais en paraissait facilement seize. Je ne sais pas si c'est ça qui m'a attiré chez lui, ça a peut-être contribué, mais son charme principal, à mes yeux, était qu'il avait l'air de toujours avoir une opinion différente de celle des autres. Il ne se tenait pas vraiment avec un groupe; il avait l'air plutôt mystérieux et surtout moins immature que les autres gars de notre classe. Il avait beaucoup d'amis, mais préférait souvent rester seul à écouter de la musique ou à jouer de la guitare le midi. Je n'avais jamais osé lui adresser la parole à l'extérieur de la classe autrement que pour le saluer distraitement, comme à n'importe qui d'autre. Mais plus les semaines passaient, plus j'en mourais d'envie. Seulement, je n'aurais pas su quoi lui dire. Et lui ne semblait pas me montrer le moindre intérêt, alors...

* * *

Plusieurs mois plus tard, le hasard, encore lui, s'en est mêlé. Un jour, j'ai pris une photo de Vincent. Je ne le lui aurais jamais dit et encore moins montré si Roxanne ne s'était pas ouvert le clapet.

— Qu'est-ce que tu viens de photographier, Ély? Ça serait pas Vincent, par hasard?

Oui, c'était bien le cas, mais c'était un accident. Ou peut-être pas? Je ne le savais plus. Je voulais en fait photographier la pluie et le vent qui faisaient pencher les arbres par la grande fenêtre, et il était là par coïncidence, regardant dehors. Il m'était apparu, avec sa chemise blanche se découpant sur le ciel sombre, comme un phare dans la tempête. Il était l'accessoire visuel parfait qui donnait du relief à une scène qui, sans lui, aurait été banale.

Roxanne ne fut pas très discrète. En fait, on a dû l'entendre jusqu'à l'autre bout de l'école, et Vincent s'est retourné. Il m'a regardée, et je me demandais ce qu'il allait dire et s'il serait fâché. Mais il m'a souri et m'a demandé :

— Je peux voir ?

Je lui montrai la photo. J'étais gênée, je me disais qu'il trouverait sans doute la photo un peu bizarre, ne verrait pas le contraste des teintes, ne capterait pas l'ambiance singulière.

— C'est beau. Ça serait si ordinaire, mais l'angle que t'as pris est intéressant... T'en prends des tonnes de photos, hein ?

— Oui, c'est le moins qu'on puisse dire !

— J'en ai vu des belles dans le journal. Différentes. Originales. Comme toi, je pense.

Je me sentis rougir. Je ne savais absolument pas quoi dire. Au moins, il avait dit « originale », pas « bizarre » !

Il fit une pause, plongea ses yeux dans les miens. Bruns. Des cils incroyablement longs. Wow !

— Est-ce que je pourrais voir d'autres photos ? Je t'ai vu en prendre plein dehors, l'autre jour.

Il m'avait vue. Il avait remarqué que je prenais des

photos. Il voulait les VOIR! Je répondis par un grand sourire et m'installai par terre. Il se plaça à côté de moi et je lui montrai mes dernières œuvres. Vincent était très perceptif. J'avais rarement connu quelqu'un, à part Nico, capable de ressentir certaines choses de la même façon que moi. En regardant mes images, même sur l'écran minuscule de mon appareil-photo, il comprenait comment je m'étais sentie lorsque je les avais prises. J'étais impressionnée et très étonnée, car la plupart du temps, il voyait juste.

Nous avons commencé à passer nos midis ensemble. Vincent préférait les jours nuageux aux jours de plein soleil; il aimait la pluie et ça me fit tout drôle quand il me dit ça. J'adorais la pluie. Je pouvais passer des heures à la regarder tomber, à observer le changement de lumière et de couleur que prenaient les choses selon l'heure du jour, à voir le ciel s'obscurcir même en plein milieu de la journée. J'adorais même marcher sous la pluie, et Vincent prétendait la même chose. C'était presque incroyable. J'avais vraiment l'impression qu'il me devinait.

Un beau soir de printemps, au parc, il m'a embrassée. Il a juste posé ses lèvres sur les miennes, tout doucement, quelques secondes. Puis ce fut terminé. Je le regardai, étonnée, et il semblait attendre ma réaction. Quand il rapprocha son visage du mien, je le laissai faire, lui montrant que j'étais d'accord. Et il colla ses lèvres sur les miennes plus longtemps. C'est comme ça que je suis devenue sa petite amie.

Nous avons passé presque tout l'été ensemble. Ma mère était plus ou moins d'accord, mais je crois aujourd'hui qu'elle considérait cette relation comme étant mineure, enfantine. Vincent était aide-sauveteur à la piscine municipale les jours de semaine, et nous pouvions nous voir le soir et les quelques fins de semaine où je n'allais pas au chalet. Je me souviens de cet été-là comme d'un été fantastique. Malgré son côté sérieux et parfois introverti, Vincent pouvait être amusant, drôle et vraiment très sensible. J'adorais cette capacité qu'il avait de lire en moi : il savait comment je me sentais parfois mieux que moi ou avant que je le sache moi-même. Cependant, je trouvais parfois qu'il prenait un peu trop de place dans ma vie. Il était mon premier véritable chum, quoi qu'en pense ma mère, et, bien que je sois fière de me promener avec lui, il acceptait mal que j'aie parfois envie de faire des choses sans lui. Il ne le disait pas ouvertement, mais je sentais clairement son humeur s'assombrir quand j'allais magasiner avec des amies ou passer la journée quelque part entre filles. Puis, il s'est mis à me poser toutes sortes de questions sur mon emploi du temps : avec qui j'étais, ce que je faisais. Je me sentais surveillée et ça m'agaçait profondément. Quand je lui en ai parlé, il m'a avoué que j'avais raison :

— Excuse-moi, Ély. T'as raison, mais c'est parce

que... bin, parce que je pense que je t'aime vraiment beaucoup et je m'ennuie quand je peux pas te voir.

Il était tout rouge. Je l'avais rarement vu aussi mal à l'aise. Il m'avait pourtant déjà dit qu'il m'aimait, quoique pas aussi sérieusement. J'étais touchée.

— Je te promets que je vais arrêter ça. T'inquiète pas, j'ai pas de problème à ce que tu fasses ce que tu veux, quand tu veux.

Hum. Je ne demandais qu'à le croire, mais un petit malaise s'installa entre nous depuis cette conversation. J'essayai d'en parler avec mon amie Eugénie qui me demanda :

— Et toi, est-ce que t'es amoureuse autant que lui ?

Je ne savais vraiment pas quoi répondre. Je ne m'étais tout simplement pas posé la question. C'était évident que je l'aimais, non ? J'étais bien avec lui, et il me manquait lorsque je ne l'avais pas vu depuis quelques jours. Était-ce bien ça, être amoureuse ? Oui, sans doute. Et il pouvait être si doux et romantique !

J'ai commencé mon troisième secondaire avec entrain. J'entamais l'école avec un chum, c'était merveilleux. Ma mère, de son côté, commençait à s'inquiéter, car j'avais tout à coup envie de me rendre plus jolie, plus attirante, pour Vincent. Elle accepta enfin que je me maquille discrètement et que je porte des vêtements plus féminins si je lui jurais que je n'en ferais pas trop. Quelle victoire ! Les compliments de Vincent me faisaient très plaisir et j'avais remarqué que d'autres garçons de l'école me lançaient aussi des regards appréciateurs… que Vincent, lui, se mit à ne pas apprécier du tout. J'aurais pensé qu'il en serait flatté. Pour moi, c'était comme si la chenille était en train de se transformer en papillon, mais il ne voyait pas les choses de la même façon. Il se montrait de plus en plus possessif lorsque nous étions ensemble, tenant ma main ou m'enlaçant étroitement, comme s'il voulait montrer à tout le monde que j'étais avec lui. Ça aurait dû me faire plaisir, mais ce n'était pas ce qui était en train de se produire. Il boudait de plus en plus souvent, et, même lorsque nous étions seuls tous les deux, son humeur était souvent sombre; il avait constamment besoin d'être rassuré que je l'aimais et que je tenais à lui.

Nous n'arrivions pas à nous voir très souvent en dehors de l'école et je pense que ça faisait un peu mon affaire. Il habitait à une bonne distance de chez moi et il était de plus en plus occupé avec ses entraînements de natation et de hockey. Pour l'apaiser un peu et calmer son insécurité grandissante, je lui promis que j'essaierais d'aller voir une de ses parties de hockey dès que possible. Comme j'allais passer mon cours de prémoniteur de ski dès le début de la saison, il serait alors difficile pour moi d'aller le voir jouer la fin de semaine!

Quelques semaines passèrent ainsi, et Vincent se montrait toujours aussi taciturne. Il aurait aimé que j'abandonne mes cours de ski et que j'aille au chalet moins souvent. Comme si j'avais le choix! En fait, même si je l'avais eu, je n'aurais rien changé à mes occupations et je trouvais injuste qu'il le souhaite. Je ne lui avais jamais demandé, moi, de manquer un entraînement de hockey ou de natation! En réalité, je commençais à me demander si je voulais réellement continuer à sortir avec Vincent. Il me plaisait beaucoup, et je pense que quelque part, en surface, j'aimais bien être sa blonde. Mais était-ce bien lui que j'aimais ou plutôt simplement l'idée d'avoir un chum? Je finis par avoir la réponse à cette question quelque temps plus tard.

Chapitre 2

Nuages à l'horizon

Puisque Vincent jouait une partie de hockey un jeudi soir, c'était l'occasion parfaite pour tenir ma promesse. Ses parents m'offrirent de m'emmener, mais comme l'aréna était tout près de chez moi, je préférai marcher. En arrivant, je vis Justine et Catou, des filles avec qui j'étais allée à l'école au primaire, ainsi que Sabrina que je connaissais moins, car elle était un peu plus jeune. Je ne les avais pas vues depuis... quoi, deux ans déjà ? Presque trois ? J'allai m'asseoir avec elles après avoir salué les parents de Vincent. Elles étaient là pour voir la partie, elles aussi, mais plus précisément parce que Justine sortait avec le capitaine de l'équipe qui n'était nul autre que ... Nico.

Mon cœur s'affola. Il jouait dans la même équipe que Vincent ! Un tel hasard ne pouvait être que le destin. J'étais étonnée qu'ils puissent jouer dans la même équipe, mais je dus bien me rendre à l'évidence.

La partie allait commencer, et les joueurs sautèrent sur la glace pour le réchauffement. Je surveillai les numéros. Je vis Vincent, le 14, je le pris en photo plusieurs fois et il m'envoya la main. J'étais fière d'être là pour lui, et les filles me demandèrent qui c'était. Je leur dis qu'il était défenseur, qu'il allait à mon école et que je sortais avec lui. Je crus déceler une petite pointe d'envie dans leurs yeux qui me fit plaisir. J'allais demander quel numéro portait Nico quand un joueur sauta sur la glace sous les acclamations des filles et des partisans de l'équipe. C'était lui. Je remarquai alors ses parents qui se levèrent pour l'encourager bruyamment. Ils ne me virent pas, mais ce n'était pas grave. Je les saluerais plus tard.

Je ne l'aurais jamais reconnu avec tout son équipement. Mais même s'il avait été habillé normalement, j'aurais eu du mal à le faire. Il était encore plus grand que Vincent, semblait pas mal costaud et lorsqu'il s'empara de la rondelle pour pratiquer ses tirs au but, je pus constater qu'il la maniait avec une aisance incroyable. Il semblait s'amuser avec elle, la soulevant sur la palette de son bâton et la faisant presque tournoyer dans les airs. Donnait-il un spectacle pour épater la galerie ? J'espérai que non. Et la suite me donna raison. Il envoya la main dans notre direction et mon cœur s'affola de nouveau. M'avait-il aperçue ? Non, il ne devait avoir d'yeux que pour Justine, même si j'avais l'impression d'être une boule d'émotions trop visible. Je devais admettre qu'elle était très jolie, Justine, avec ses longs cheveux bruns avivés de mèches blondes et ses yeux bleus de poupée. Comme elles avaient changé, ces filles !

Normal, moi aussi. Lorsqu'elles m'avaient vue, elles avaient bien tenté de cacher leur surprise sans toutefois réussir.

Je fis un effort pour me concentrer sur la partie et ne pas me laisser distraire par la présence de Nico. Je pris plusieurs photos de Vincent pendant la partie et je réussis même à en prendre de Nico, discrètement.

Nico... Comment se faisait-il que je sois dans cet état-là ? Il n'était qu'un ami, et un ami que je n'avais pas vu depuis une éternité. Il serait probablement impossible de reprendre les choses où nous les avions laissées, avec cette belle complicité et la facilité avec laquelle nous nous faisions des confidences autrefois. Oui, tout à fait impossible. Nous avions vieilli, changé tous les deux. Dommage…

Des acclamations me tirèrent de ma rêverie. Nico venait de compter un but. Son premier de la partie, mentionna Justine avec fierté. Et quel but ! Je ne m'y connaissais pas tellement en hockey, mais il était facile de constater qu'il avait un lancer foudroyant.

Vincent faisait de l'excellent travail chaque fois qu'il était sur la glace. C'était une bonne partie, les deux équipes étant du même calibre. Quelques minutes avant la fin de la première période, l'équipe adverse compta un but, puis Nico compta son deuxième. À la fin de la troisième période, Nico compta le but vainqueur à peine quelques secondes avant la fin du match, et ce fut le délire. Justine ne tenait plus en place. Elle rayonnait comme si c'était elle qui les avait comptés, ces buts, ou comme si Nico les avait comptés grâce à elle. C'était peut-être le cas, après tout. Était-il très amoureux d'elle ? Était-elle une source de motivation quand il jouait ou plutôt une distraction ? Il était vraiment bon, mais je devais admettre que Vincent se défendait quand même bien aussi. Il avait, à lui seul, empêché l'équipe adverse de compter plusieurs buts. Or, il n'avait pas le statut de Nico, c'est certain. Ce sont ceux qui comptent qui se font remarquer, bien sûr !

Juste après la poignée de mains d'usage entre les joueurs des deux équipes, je vis Justine souffler un baiser à Nico, auquel il répondit d'un geste vague de la main. Nous nous sommes alors levées pour accueillir les joueurs lorsqu'ils sortiraient, une fois changés et douchés. J'avais hâte de féliciter Vincent, de lui montrer que moi aussi, j'étais fière de lui et que je trouvais qu'il avait bien joué. Je croisai les parents de Nico. Ils étaient surpris :

— Élysabeth ? C'est bien toi ! Wow, t'es bien belle, ma cocotte ! T'es ici pour voir Nico ?

— Euh, non... je savais pas qu'il jouait, je suis venue voir un ami, bin...

— Ah, un ami...

Sa mère m'adressa un petit clin d'œil et son père, un doux sourire.

— Eh bien ! Il va être surpris de te voir ! Ça fait

longtemps, hein ? Tu vas voir qu'il a pas mal changé, lui aussi !

— Oui, j'ai un peu vu ça ! À plus tard !

Je partis m'installer à une table avec les filles et nous avons parlé de tout et de rien, de nos écoles respectives, de qui sortait avec qui et des autres ragots du quartier. J'appris que Naomie, une de mes amies de l'Académie, était une des meilleures amies de Sabrina qui était dans le même club de patinage artistique qu'elle. Je sus aussi que le cousin de Sabrina, le beau Sébastien, jouait toujours de la guitare et que son groupe était apparemment très bon. Je me souvenais de Sébas et à quel point nous étions toutes pâmées devant lui. Il y avait de quoi ! D'abord, parce qu'il était plus vieux que nous, mais aussi parce qu'il était incroyablement beau, qu'il avait les cheveux longs et qu'il jouait de la guitare merveilleusement bien. Était-il toujours aussi spectaculaire ? Portait-il toujours ses cheveux blonds aussi longs ? Que de souvenirs !

Je tentais de dissimuler ma hâte de voir Nico. De toute manière, j'étais ici pour Vincent. C'est du moins ce dont j'essayais de me convaincre. Nous ne cessions de bavarder; j'avais peine à croire à quel point tout le monde avait continué à vivre sans que je m'en rende compte. Puis Catou me dit :

— C'est l'fun de te voir, Ély, t'as l'air bien. T'as tellement changé depuis la dernière fois que je t'ai vue ! T'es vraiment belle, t'sais ?

J'étais touchée. Son compliment me faisait vraiment plaisir!

— Merci, Catou, c'est fin, ce que tu viens de me dire... Toi aussi, t'sais!

Les joueurs des deux équipes commençaient à sortir. Vincent arriva et je m'empressai de le rejoindre. Il me prit dans ses bras et je le félicitai chaleureusement. Il m'embrassa. C'était bon. Je voulus lui présenter les filles, mais c'est à ce moment que Nico arriva. C'était bien lui, mais en même temps, ce ne l'était pas, ou ne l'était plus. Il avait les cheveux mouillés, assez courts derrière, plutôt longs sur le dessus, et quelques mèches lui tombaient sur le front. Je reconnaissais son visage, mais il s'était transformé. Nico n'était plus un petit garçon, alors là, pas du tout. Il avait toujours ses magnifiques yeux perçants, ses belles fossettes et son sourire franc, mais sa mâchoire était plus carrée, son cou et ses épaules plus larges, et ses bras avaient l'air puissants. Ce sourire... Justine se précipita auprès de lui, laissant à peine le temps à ses parents de le féliciter, et je me surpris à vouloir être à sa place. Je me dis même qu'elle n'était pas là au bon endroit, que ce devrait être moi. J'eus honte et je fus gênée... Nico eut l'air de vouloir se dégager, mais Justine se colla encore plus sur lui. Un vrai pot de colle. Je le vis parler à ses parents, regarder autour, un air curieux et souriant au visage, puis sa mère me pointa du doigt. Nico me regarda, sembla ne pas me reconnaître, puis me fit un large, un immense, un incroyable sourire. Je ne pouvais pas ne pas aller le voir, mais ce sourire venait de complètement me mettre à l'envers. Mon cœur battait à une vitesse complètement folle, mes jambes tremblaient et j'avais chaud en même temps que j'étais couverte de chair de poule. Je sentis Vincent se raidir à mes côtés.

— Tu le connais ?

— Bin oui, il reste tout près de chez nous ! On jouait ensemble quand on était petits ! Je vais aller lui dire allô, ça fait si longtemps...

— OK, je viens avec toi.

Il avait l'air contrarié, mais il me suivit.

Nico me regarda approcher, regarda Vincent et me regarda à nouveau avec d'énormes points d'interrogation dans les yeux. Il s'adressa à Vincent en premier :

— C'est Ély, ta blonde ? Tu parles d'un hasard ! Bin là, j'comprends pourquoi t'étais content qu'elle vienne te voir jouer ! Salut Ély, ça fait longtemps, hein ?

— Oui, pas mal ! Belle *game*, Nico !

— Merci, t'es gentille.

Ce regard. Ces rayons laser me transpercèrent et je sentis mon cœur complètement mis à nu. Je pensai que je tomberais par terre, mais Vincent me tenait aussi serrée que Justine tenait Nico, comme dans un étau. Un petit froid s'installa entre nous. J'avais l'impression que Nico et moi nous regardions dans les yeux depuis des heures. Vincent rompit le charme et m'entraîna en disant :

— Faut qu'on y aille, j'ai vraiment faim. On va manger, Ély ?

Je l'entendis de très loin et n'eus pas envie de répondre. Je n'avais pas du tout envie d'aller manger. Et je ne voulais pas être avec lui. Oh, oh ! Qu'est-ce qui était en train de se produire ? La mère de Nico prit la parole :

— Pourquoi on n'irait pas manger tous ensemble ?

Je crus voir des éclairs sortir des yeux de Justine. Vincent intervint :

— C'est gentil, mais une autre fois peut-être. On a envie d'être seuls tous les deux et j'ai besoin de relaxer un peu, tranquille.

Nico ajouta, me regardant toujours fixement :

— Oui, je pense que t'as raison, une autre fois. C'est mieux comme ça.

Ouf ! Je clignai enfin des yeux, détachant mon regard de celui de Nico, et me remis à respirer. Pas normalement, loin de là, mais à respirer quand même. Un bon début. Je sentis que je l'avais échappé belle, comme si je m'étais tenue au bord d'une falaise et qu'un simple coup de vent aurait pu me faire tomber. De très haut. Je connaissais suffisamment bien Vincent pour savoir que le simple fait que je connaissais Nico l'énervait. Je l'avais bien senti se raidir, et sa réponse à l'invitation de la mère de Nico, même si elle était plausible, avait été donnée d'un ton plutôt sec. La soirée s'annonçait difficile...

* * *

Je ne me trompais pas. Vincent mit son équipement dans l'auto de ses parents et ces derniers nous proposèrent de nous déposer au restaurant du coin pendant qu'ils feraient quelques commissions. Dans la voiture, Vincent ne disait rien. Il avait l'air renfrogné, pour faire changement. Son père essaya de le dérider un peu :

— Bin, qu'est-ce que t'as, mon grand ? T'as bien joué, vous avez gagné. C'est quoi ton problème ?

— Rien, p'pa, ça va.

— C'est à cause de ta punition ? L'arbitre avait pas tout à fait tort, t'sais !

— Je sais, ça a pas rapport !

Cette dernière remarque avait été tellement sèche que son père abdiqua. Au restaurant, Vincent m'entraîna vers une table tout au fond. Il ne m'avait toujours rien dit. Je tentai de briser son silence :

— OK, qu'est-ce qui ne va pas ?

— Rien. Est-ce que j'aurais une raison pour que ça n'aille pas ?

Il avait pris un ton sarcastique, presque méchant. Je pris le parti de jouer les innocentes.

— Non, justement, je vois pas du tout pourquoi t'as l'air de si mauvaise humeur...

— Ah non, tu vois pas, hein ? J'aurais pourtant cru que j'étais de trop, tantôt à l'aréna ! La façon que tu regardais Nico, je pense que si t'avais voulu me mettre en maudit, t'aurais pas fait mieux!

— Quoi? Qu'est-ce que tu veux...

— Arrête de faire l'innocente, Ély.

— Voyons, Vincent, c'est un ami d'enfance que j'avais pas vu depuis des années! C'est comme mon frère! Qu'est-ce que tu voulais que je fasse? J'aurais dû faire semblant de pas le connaître? J'ai grandi avec lui, je connais bien ses parents, ils sont gentils. C'est quoi ton problème?

— Mon problème, c'est que tu le regardais comme si j'existais pas, comme si tu venais de voir une vedette d'un film ou quelque chose du genre! T'avais l'air complètement pâmée, une vraie groupie pas de tête!

Là, je vis rouge. Je savais qu'il avait un peu raison, mais je trouvais quand même qu'il exagérait. D'innocente, je devins en colère.

— Franchement, Vincent, t'exagères! C'était pas comme ça du tout! Arrête donc de voir des problèmes partout!

La serveuse arriva, et Vincent retint les paroles qui allaient franchir ses lèvres. J'appréciai le répit. Elle prit nos commandes et repartit, trop vite à mon goût. Je ne dis rien. Mais Vincent, lui, me lança une bombe:

— En fait, c'qui me dérange le plus, je pense, c'est qu'il te regardait de la même façon. Je suis sûr que sa blonde s'en est aperçue, elle aussi!

— Bon, tu mêles Justine à ça, en plus! Tu dis

n'importe quoi. Tu vois bien qu'ils sont ensemble et contents de l'être! Y paraît que ça fait un bout de temps que ça dure...

— Oui, c'est vrai, elle vient le voir jouer presque toutes les parties, elle.

« Elle ». Ah! une autre accusation. J'en avais assez.

— Bon, Vincent, là, c'est assez. Tu sais que j'aimerais ça venir te voir plus souvent et si je pouvais, je le ferais. Tu sais bien que j'ai mes cours de ski. Pis en plus, j'aime ça, et si je peux donner des cours l'an prochain, je vais le faire et je vais triper. Pourquoi il faudrait que je lâche quelque chose que j'aime pour te voir faire ce que toi, tu aimes? C'est pas tellement *fair*, me semble! Tu pourrais venir faire du ski, des fois, mes parents l'ont offert souvent.

— Tu sais bien que j'en ai jamais fait, pis ça me tente pas. J'ai pas vraiment le temps non plus.

— Bin voyons, je pourrais te montrer!

— Oh! arrête, je t'ai déjà expliqué, me semble.

Il reprit son air bête. Quand il voulait, il était le champion des airs bêtes. Je n'avais plus envie de discuter. J'étais plongée dans un tas de pensées, revenant sur les mois qui venaient de s'écouler. J'avais parlé à mon amie Naomie, il y a quelque temps, de l'attitude de Vincent. Et je riais encore de ce qu'elle m'avait répondu:

— Oui, c'est vrai qu'il peut avoir l'air vraiment bête. Vous êtes des vrais contraires, des fois. Toi, t'es toujours douce, sociable, de bonne humeur; lui il est souvent bête comme ses deux pieds. Vous me faites penser au conte, t'sais, là ? La Belle et l'air bête ?

J'avais ri tellement fort que je m'étais presque étouffée. La Belle et l'air bête ! Elle était bien bonne.

Ce soir-là, en le regardant assis devant moi, cet air renfrogné au visage, je riais jaune, car je l'avais vu un peu trop souvent, son air bête, dernièrement. Il me semblait que tout était une raison pour bouder. Quand je lui en faisais la remarque, il me répondait :

— Bin quoi, tu dis toi-même que je suis intense, que je suis pas superficiel comme les autres gars. T'aimes pas ça, maintenant ? Aimerais-tu mieux que je fasse toujours des jokes connes ?

Et quand je lui disais qu'il était un peu trop jaloux, il rétorquait :

— Ça te prouve que je tiens à toi. C'est pas mieux que le contraire ?

Ouain, il avait peut-être raison. C'est vrai que j'aimais son côté intense, penseur. Mais il y avait intense et intense. Depuis quelque temps, tout semblait devenir trop sérieux, presque lourd.

Je revins sur terre lorsque la serveuse apporta nos assiettes. Vincent n'avait pas bougé. Nous avons mangé en silence. Je n'avais pas envie d'envenimer les choses, probablement à cause de la petite mais bien réelle parcelle de culpabilité que je ressentais. Avais-je vraiment été aussi évidemment pâmée ? Et Nico avait-il vraiment eu la même réaction ? Non, c'était bien peu probable. Justine était une très belle fille, et je trouvais qu'ils allaient bien ensemble. Je devais cependant avouer que l'image de Nico comme étant mon frère s'était bel et bien évanouie. C'était tellement bizarre. Je me sentais en terrain glissant, mais je savais instinctivement qu'il valait mieux, pour ce soir, du moins, oublier tout ça et tenter de me réconcilier avec Vincent. Malgré son tempérament parfois difficile, je l'aimais beaucoup et je ne voulais pas le blesser. Je pris mon air le plus mielleux et lui pris la main.

Il me regarda enfin, les yeux tristes et pleins d'espoir. Je lui dis ce qu'il espérait entendre, ces mots qui le rassuraient toujours : que je l'aimais et qu'il n'y avait que lui qui comptait pour moi. Que ça me rendait triste qu'il doute de mon amour pour lui, que je ne pourrais jamais m'intéresser à qui que ce soit d'autre. Il me sourit, serra ma main et l'embrassa. Ouf ! Cette tempête semblait passée. J'étais soulagée, mais, au fond de ma tête, j'entendis une petite voix me dire : « Jusqu'à la prochaine... »

Chapitre 3

Le premier orage

Les choses sont restées calmes pendant quelque temps. J'arrivais généralement à avoir l'air de ne penser à rien... l'air, car en fait, je pensais beaucoup trop souvent à Nico, à l'effet qu'il m'avait fait. À la sensation d'être là, devant lui, à l'impression bizarre de me retrouver devant quelqu'un d'aussi connu et d'aussi mystérieux à la fois. Avait-il autant changé dans sa tête que physiquement? Était-il devenu prétentieux, arrogant? Il avait tant de talent; il devait aimer jouer à la vedette. Autrefois, ce n'était pas son genre, mais peut-être avait-il suffisamment gagné de confiance en lui pour s'enfler la tête? Je ne le croyais pas. Le Nico que j'avais connu était en fait un peu timide et il détestait les gars qui se prenaient pour d'autres. Était-ce toujours le cas? Je l'espérais, mais, plus que tout, j'avais envie de le découvrir moi-même.

Alors, comment? Comment m'approcher de lui sans faire de vagues avec Vincent? Le sujet Nico n'était pas revenu sur le tapis, mais je savais que si ça se produisait, ça déclencherait l'ouragan du siècle. Depuis l'incident de l'aréna, Vincent était encore plus possessif. Il me téléphonait presque chaque soir supposément pour me demander comment j'allais, ce que je faisais, où j'allais. Il disait s'ennuyer, même si nous nous étions vus pendant la journée. Moi, je savais qu'il me surveillait. Quand je prenais des photos, à l'école, il voulait toujours les voir sur-le-champ, me demandant pourquoi j'avais photographié tel ou tel garçon, alors qu'il ne s'agissait que d'un personnage dans un décor. À l'école, plus que jamais, il me tenait solidement par la main ou par la taille. C'était agréable, mais en même temps, ça avait l'air forcé, comme s'il voulait juste montrer à tout le monde que j'étais avec lui, et non pour le plaisir de le faire.

Quand nous étions seuls, aussi, il était moins doux qu'avant, un peu plus exigeant. Il était clair qu'il voulait aller plus loin avec moi en ce qui concernait les caresses. Sauf que... moi, je n'étais plus sûre de savoir ce que je voulais. J'en avais envie aussi et ne voulais pas le repousser, mais je me sentais tendue, comme si nous étions censés faire certaines choses à cause d'une norme et non parce que nous en avions vraiment envie. Il n'avait pas parlé de faire l'amour, pas encore, mais je sentais que ça s'en venait et ça m'angoissait terriblement, car je me sentais encore très peu pressée d'en arriver là.

Chez lui, un après-midi que ses parents étaient partis pour la journée, nous nous sommes caressés plus intensément que nous l'avions fait jusqu'alors. Nous étions étendus sur son lit et nous nous embrassions depuis un bon moment. Il caressait mes seins et avait soulevé mon chandail. Sa bouche sur mes seins me fit tout drôle. C'était excitant, très excitant même, et j'aimais sentir son pénis tout dur contre ma cuisse. Sa main s'est faufilée entre mes jambes; j'ai senti ma culotte devenir humide. En même temps, une espèce de chaleur envahit mon ventre et, quand il a détaché mon pantalon, je l'ai laissé faire. Alors que j'étais couchée sur lui, sa main a glissé sur ma fesse, puis entre mes jambes. Je n'avais jamais rien ressenti de tel. Son doigt se faufila plus loin encore, essayant même de se frayer un chemin en moi. Là, je lui demandai encore une fois d'arrêter. Pas de tout arrêter, mais d'arrêter *ça*.

Il fit ce que je lui demandais sans émettre le moindre commentaire. Il se colla contre moi et j'étais bien quoique distraite. Plusieurs pensées tourbillonnaient dans ma tête. J'avais aimé ce que nous venions de faire — il avait arrêté quand je le lui avais demandé — et je lui en étais reconnaissante. Malgré le malaise des derniers temps, j'étais bien avec lui même si je ne savais plus si je l'aimais vraiment. Je *voulais* l'aimer, mais ce n'était pas si simple. Si ça l'avait été, je n'aurais sans doute pas pensé à Nico alors que, le souffle court et la bouche de Vincent sur mes seins, je frissonnais de plaisir... J'embrassai mon amoureux, probablement pour chasser mes pensées coupables. J'étais toute mêlée. Je me collais sur lui, tout en pensant à quelqu'un d'autre. Étais-je réellement en train de tomber amoureuse de Nico ? Je n'étais pas très fière de moi. Si j'avais la chance de parler avec lui, de le voir un peu, je verrais peut-être qu'il ne me plaisait pas tant que ça et que si je ne me sentais pas aussi éprise de Vincent que j'aurais aimé l'être, c'était peut-être simplement parce que notre relation fraternelle avait changé. Peut-être que oui, peut-être que non. J'aurais bien aimé le savoir. Simple curiosité, et bien légitime, non ?

* * *

L'occasion de le revoir se présenta plus tôt que j'aurais pu espérer. Je pelletais chez moi quand Nico est passé dans la rue, bâton de hockey à la main et patins sur l'épaule. Il me fit un geste et je restai plantée là, le souffle court et le cœur fou. Il se dirigea vers moi. J'avalai difficilement ma salive et partis à sa rencontre.

— Salut, Ély ! Ça va ?

— Oui, super, toi aussi ? Tu t'en vas à l'aréna ?

— Non, juste à la patinoire au parc. Y a jamais personne, c'est con, mais ça fait mon affaire ! J'ai presque toujours la patinoire à moi tout seul.

— Ah, c'est cool, ça...

Il me regarda, un grand sourire au visage et ses mignonnes fossettes creusant ses joues.

— J'ai été content de te revoir l'autre jour. Je savais pas que t'étais avec Vincent. J'avais même pas réalisé que vous étiez à la même école. Je suis pas vite vite, des fois ! Il est pas mal bon, Vincent.

— Oui, j'ai trouvé ça aussi, mais toi, vraiment, tu te débrouilles pas mal non plus !

— Bin, t'sais que j'ai toujours aimé ça, jouer, et là j'ai pas mal plus de fun que dans le AA. J'pense que mon père en est enfin revenu. Y a compris que j'avais pas l'intention de jouer pour le Canadien, mais ça n'a pas été évident !

— J'imagine que non ! Il était tellement fier la première année que t'as fait le deux lettres !

— Oui, mais c'était pas pour moi. Trop de vedettes dans la même équipe, du niaisage de bébé, les parents qui chialent contre les *coaches*, les joueurs qui *bitchent* contre les arbitres... ça m'énerve !

— Contente de voir que t'as pas changé tant que ça ! Dans la tête, en tout cas. Pour le reste, par exemple, j'avoue que j'ai eu de la misère à te reconnaître !

— Ah oui, tu trouves ? J'sais pas. Toi, par contre...

Il interrompit sa phrase et eut l'air d'avoir une idée :

— Hey, t'as envie de venir patiner avec moi, là, tout de suite ?

Je répondis oui, peut-être un peu trop vite. Mais j'en avais réellement envie. Je pouvais constater que nous avions toujours autant de plaisir à parler ensemble et c'était l'occasion dont je rêvais depuis un bout de temps.

— J'ai presque fini. Deux minutes, je ramasse mes patins et j'arrive !

— Je vais t'aider, ça va aller encore plus vite!

Et juste comme ça, j'ai eu l'impression d'être transportée dans mes années d'enfance. Il prit une pelletée de neige, me la lança dans le dos, j'en pris une et fis de même. Nous riions comme des enfants, comme avant. Comme c'était bon de le retrouver!

En marchant jusqu'à la patinoire, nous avons parlé de tout et de rien, du fait qu'il finissait son secondaire l'année suivante et ne savait pas trop ce qu'il voulait faire après. Moi non plus, je n'en savais trop rien. Ma mère avait plusieurs idées là-dessus, ce qui fit bien rire Nico.

— Ta mère a toujours eu PLEIN d'idées sur tout, non? C'est pas nouveau!

Une mince couche de neige recouvrait la patinoire. Nous sommes allés chausser nos patins et avons pris chacun une gratte pour dégager la glace. J'admirais son aisance, la facilité avec laquelle il semblait flotter sur la glace. Ses longues jambes. Ses yeux qui me transperçaient chaque fois qu'ils se posaient sur moi. Puis nous avons patiné, nous avons joué au hockey, nous avons ri. Je me sentais légère, heureuse, et la belle complicité qu'il y avait toujours eu entre nous était encore bien là. Trop là, peut-être.

Sur le chemin du retour, les joues rouges et le cœur joyeux, je dis à Nico que j'irais probablement voir leur prochaine partie.

— C'est Vincent qui va être content! Tu devrais

entendre comment il parle de toi dans la chambre des joueurs... Je pense qu'il t'aime pas mal, hein?

— Ouain. Un peu trop des fois, j'pense.

— Tu veux dire quoi par là?

— Je veux dire qu'il m'étouffe un peu des fois, mais c'est pas pour mal faire. C'est sûr que j'aime mieux ça que le contraire, mais me semble que c'est pas supposé être de même...

— Oui, je sais exactement ce que tu veux dire. Justine est bin collante, des fois. Est fine, mais j'ai l'impression qu'elle est avec moi pour les mauvaises raisons. Elle aime pas ça quand j'ai pas envie de la voir des fois. Elle voudrait qu'on soit ensemble tous les jours à l'école, pis tous les soirs. Trop, c'est comme pas assez. Et puis...

Il soupira bruyamment avant de poursuivre:

— Et puis, elle est jalouse. Comme l'autre fois, à l'aréna, elle s'est mise à me dire plein de choses sur toi après qu'on se soit vus, et je suis sûr que c'est même pas vrai.

— Comme quoi?

— Comme que tu collectionnais les chums, que tu jouais dans le dos de Vincent...

— Quoi! Vincent, c'est mon premier vrai chum... Ça fait des mois que je sors avec, et avec personne d'autre! Même si je voulais, y est assez jaloux! Il m'a fait la baboune presque toute la soirée l'autre fois. Il pouvait pas croire que j'avais juste été contente de te revoir. Il était sûr qu'y avait autre chose.

Nico s'arrêta de marcher.

— Justine, elle, m'a dit: «Penses-tu que je suis aveugle? J'ai vu comment tu l'as regardée et comment elle te regardait aussi. Prends-moi pas pour une conne!»

Il l'avait imitée en exagérant, et c'était drôle. Mais un peu inquiétant, en même temps.

— Ça ressemble assez à ce que Vincent m'a dit...

— T'sais, ça a toujours été comme ça. Tout le monde a toujours pensé qu'on sortait ensemble ou au moins qu'on était amoureux, à commencer par nos parents qui disaient qu'on finirait par se marier, tu te souviens?

— Oh, oui! Je pense que ma mère le pense encore!

Nous étions arrivés devant chez moi. J'étais heureuse que nous ayons passé ce moment si agréable ensemble et triste qu'il ne puisse se prolonger. Je ne savais plus ce que je voulais. Si Nico avait ressenti la même chose que moi, il me l'aurait laissé savoir d'une manière ou d'une autre. Peut-être était-il aussi mêlé que moi? Je n'avais pas vraiment d'autre choix que de voir ce qui allait se passer, s'il se passait éventuellement quelque chose.

À peine étais-je rentrée que le téléphone a sonné. C'était Vincent, bien sûr, comme s'il avait senti, même de loin, ce que je venais de faire et, surtout, avec qui. J'appréhendais de lui parler; j'aurais aimé avoir un peu plus de temps pour mettre de l'ordre dans mes sentiments. Ma mère répondit. Je lui fis de grands signes pour essayer de lui faire dire que je n'étais pas là, mais soit elle ne me comprit pas, soit elle m'ignora. Je pris le téléphone un peu malgré moi :

— Allô ? Ély ! T'étais où ? Ça fait une heure que j'essaie de te rejoindre !

— J'étais allée patiner, au coin...

— Ah ? Avec qui ? T'aurais dû m'appeler, j'aurais pu y aller !

— Ça s'est décidé comme ça avec des amis qui passaient dans la rue pendant que je pelletais.

Je ne voulais pas qu'il me demande quels amis, car j'aurais été obligée de lui mentir; mais lui dire la vérité signifiait m'attirer de gros problèmes. Je fis bifurquer la conversation :

— Et toi, qu'est-ce que tu faisais ?

— Pas grand-chose, mais tantôt je regardais tes photos de la semaine dernière. Sont vraiment belles, mais j'aimerais tellement ça, en avoir une de nous deux ! Celles que j'ai pris de toi sont pas très réussies...

— C'est vrai qu'on en a pas. Ça serait une bonne idée.

Ouf! danger écarté. Nous avons continué à parler un peu et je pus raccrocher avec un certain soulagement.

Je tentai d'éviter ma mère, mais le souper était servi. Elle brûlait de curiosité :

— Je t'ai vue partir avec tes patins tantôt. T'es allée

patiner ? C'était Nico avec toi ? Ça faisait longtemps, hein ?

— Oui, mais je l'avais vu, l'autre jour, à l'aréna. Vincent joue dans la même équipe que lui.

— Ah, ça doit faire drôle...

— Quoi, donc ?

— Eh bien ! je sais bien que tu as toujours eu un faible pour Nico et je l'ai vu à l'épicerie l'autre jour. Il est toujours aussi beau, hein ? Encore plus qu'avant, en fait !

— Ah, maman ! J'ai pas toujours eu un faible pour lui. On était des amis, c'est tout, et c'est encore pareil ! De toute manière, il sort avec Justine, une fille avec qui j'allais à l'école avant.

— Elle est comment ? Jolie et un peu idiote ou belle et intelligente comme toi ?

— Ah, maman ! C'est pas parce qu'une fille est *cute* qu'elle est niaiseuse ! Pis oui, elle est belle, et fine, aussi. Je pense qu'ils sont bien ensemble, et c'est parfait.

Je mangeai en silence. Mon père ne disait pas un mot non plus ; il regardait ma mère en ayant l'air de se demander ce qu'elle cherchait. Mais pour moi, c'était clair. Ma mère voulait toujours se mêler de mes affaires, surtout les plus intimes ! J'espérais seulement qu'ils ne commenceraient pas à se disputer. Ça devenait de plus en plus fréquent.

* * *

C'est le lendemain que le ciel m'est tombé sur la tête. Quand j'ai rejoint Vincent à notre lieu de rencontre habituel, le midi, il n'était pas là. J'ai attendu quinze minutes, vingt, quarante-cinq, et il n'est jamais venu. Avant que les cours recommencent, je l'ai vu qui jouait au basketball dans le gymnase. Je m'approchai :

— T'étais où ?

— Ah ! Salut, Ély. Tu me cherchais ?

Il était sarcastique et me regardait avec un drôle de sourire.

— Faut que j'aille me changer. À plus tard, je t'appelle ce soir !

Juste ça ? Pas de baiser, pas de caresse, rien. Un bloc de glace. Oh, oh ! Ça y était, il savait. Il n'y avait pas d'autre explication.

Tout le reste de la journée, je me demandai quelle attitude je devais prendre. Je ne me sentais pourtant pas le moindrement coupable, car je n'avais, après tout, absolument rien fait de mal. Je sentis la colère monter en moi et je décidai que j'irais chez lui le soir même pour lui dire exactement ce qui s'était passé. Et s'il ne voulait pas comprendre, eh bien ! tant pis. J'en avais assez de toutes ces histoires et toutes ces bouderies.

En arrivant à la maison, je demandai à mon père s'il pouvait me conduire chez Vincent et tentai de joindre celui-ci au téléphone, mais la ligne était toujours occupée.

Il décrocha enfin :

— Vincent, qu'est-ce qui se passe ? J'aimerais ça qu'on se voit.

— Ah, je suis pas mal occupé, j'ai des travaux à finir.

— Pas longtemps, juste une heure si t'es occupé, mais je pense qu'il faut qu'on parle.

— J'ai pas de lift : mes parents sont partis et j'ai pas envie de prendre l'autobus.

— Vincent, arrête. Je sais pas c'est quoi qui se passe, mais ça va faire. Je peux être chez toi dans quinze minutes. Mon père va m'emmener. OK ?

Il poussa un long, un très long soupir.

— OK, je t'attends.

Quand j'arrivai chez lui, il n'essaya même pas de m'embrasser ni de me serrer dans ses bras. Nous étions seuls, il était extrêmement tendu et me regardait avec un air mauvais.

— Vincent, qu'est-ce qui se passe ?

— Qu'est-ce qui se passe ? C'est toi qui me demandes ça ? Ça serait plutôt à moi de te poser cette question-là ! « Je suis allée patiner avec des amis qui passaient dans la rue ! Ça s'est décidé comme ça, dernière minute ! » Bin oui ! Tu me prends pour qui, Ély ? Un con ? Je sais que t'es allée avec Nico, juste lui. Y a quelqu'un qui t'a vue. J'aurais aimé mieux que tu me le dises toi-même, au moins !

Il avait presque crié. Il était enragé et avait un air que je ne lui avais encore jamais vu. Il était rouge, ses yeux lançaient des éclairs. Si je répondais sur le même ton, ce dont j'avais vraiment envie, les choses empireraient. Je pris plutôt une longue inspiration.

— Écoute, Vincent, c'est vrai que ça s'est décidé à la dernière minute. Et si je t'avais dit que j'étais avec Nico, t'aurais capoté comme tu le fais en ce moment, alors qu'y a rien là!

— Rien là!

Là, il était déchaîné.

— Rien là! Bin, tu sauras qu'une fille qui sort avec un gars et qui va patiner toute seule avec un autre gars, sur qui elle tripe, en plus, y a quelque chose là! De quoi j'ai l'air, moi? La joke de l'école! Vincent sort avec Ély, mais Ély joue dans l'dos de Vincent avec Nico! J'ai l'air d'un vrai cave! Pourquoi tu me fais ça, Ély? Pourquoi?

Je ne savais pas quoi répondre. La violence de sa colère me déstabilisait complètement. Il exagérait, alors que je n'avais rien à me reprocher.

— Vincent, arrête! Je suis allée patiner P-A-T-I-N-E-R! Avec un ami d'enfance! J'en ai assez que tu penses toujours des affaires de même. J'ai le droit de respirer, Vincent. Je t'empêche pas de voir qui tu veux parce que moi, j'ai confiance en toi! Si t'es pas capable de comprendre ça et de me faire confiance, je pense qu'on perd notre temps! Pis en plus, on dirait que tout ça, c'est juste parce que t'as peur d'avoir l'air con. C'est pas fort, ton affaire...

Il devint encore plus rouge, se retourna et donna un violent coup de poing dans le mur. Celui-ci craqua. Je restai saisie; je me demandai confusément s'il aurait aimé me frapper, moi, plutôt que le mur. En aurait-il été capable ? Il sembla se ressaisir et me regarda sans dire un mot.

— Je t'aime, Ély. Tu peux pas comprendre que ça me tue en dedans de penser que tu peux sourire à un gars ? C'est si difficile pour toi de comprendre ça ?

— Et c'est si difficile pour toi de comprendre que je t'aime aussi et que je peux avoir d'autres amis, d'autres personnes avec qui je peux avoir du fun ? Je pense qu'on a un problème, Vincent.

— Qu'est-ce que t'es en train de dire, Ély ? Tu veux casser, c'est ça ?

— Non ! Je veux juste que t'arrêtes d'agir comme si je pouvais pas faire d'autres choses avec d'autre monde.

— C'est pas vrai ! J'sais pas ce que tu fais les fins de semaine en ski ! J'te gage que t'as du fun avec plein d'autre monde, avec plein d'autres gars, mais je ravale, je dis pas un mot parce que je peux rien faire !

— Bin oui, Vincent, j'en ai, du fun ! Plein ! Avec des filles PIS des gars ! Mais ça veut pas dire que je tripe sur d'autres gars, pas plus sur Nico que sur n'importe qui !

— Ça, c'est toi qui le dis. Chus pas là pour voir ce qui se passe, mais c'est clair que c'est plus important que de venir me voir jouer, en tout cas. Peut-être que tu le vois, Nico, tous les soirs qu'on peut supposément pas se voir parce que t'as trop de devoirs...

— Bon, c'est assez. Je pense, Vincent, qu'on devrait prendre un break.

Je vis littéralement son visage se fermer, comme si une porte venait de se clore devant ses yeux. Il serra les poings et me regarda froidement, presque avec mépris.

— Oui, c'est ça, comme ça t'auras pas besoin de me jouer dans l'dos...

— Vincent!

Il donna un coup de pied sur mon sac à main et le contenu s'éparpilla partout. Il avait les yeux pleins d'eau, mais son visage était écarlate. Je voyais même une veine qui battait sur son front et j'ai eu un peu peur. Je savais qu'il lui arrivait d'être un peu, disons, prompt, mais j'eus encore une fois l'impression qu'il avait envie de me frapper. Il semblait avoir beaucoup de mal à se contrôler.

— J'suis pas con, Ély. T'as raison. On va prendre un break. Peut-être que tu vas réaliser que c'est juste parce que je t'aime que je suis comme ça. Pis peut-être que quand tu vas t'en rendre compte, il va être trop tard.

Je ramassai mes choses et les remis dans mon sac avant de quitter le salon pour téléphoner à mon père. Cette conversation ne nous menait nulle part et je voulais partir. Je devais partir. Quand je suis revenue auprès de Vincent, il avait la tête entre les mains, la colère semblant l'avoir quitté. Il avait l'air triste et ça me fit soudainement monter l'eau aux yeux. Je ne voulais surtout pas pleurer, pas maintenant. J'eus envie de le prendre dans mes bras, de m'excuser — de quoi, je n'en savais pourtant rien! —, mais je choisis plutôt de lui dire:

— Écoute, Vincent, peut-être que je vais le regretter. Mais je pense qu'on a tous les deux besoin de penser à ce qu'on veut. Je t'aime, que tu me croies ou non, mais je peux plus continuer comme ça en pensant toujours que j'ai fait quelque chose de mal. J'sais pas ce que t'attends de moi, mais je pense que je peux pas te le donner. Pas tout de suite, en tout cas. Peut-être que si on se voit pas pendant un petit peu de temps, on va être capables de voir comment on peut continuer ensemble. Ça fait pas mon affaire, moi aussi, je suis triste...

— Chus pas triste! Chus déçu, j'trouve ça con que tu comprennes pas. C'est pourtant pas compliqué! Mais fais donc comme tu veux, de toute façon, je vois bien que t'as déjà décidé, pis ça fait peut-être longtemps. J'ai pas grand-chose à dire...

J'attrapai mon sac, mis mon manteau et sortis. J'avais donné rendez-vous à mon père au dépanneur à quelques rues de chez Vincent et il était déjà là quand je suis arrivée. Il m'a regardée, ne m'a pas posé de question, mais a passé sa main sur ma tête, comme quand j'étais toute petite et que j'avais fait un mauvais rêve. J'aurais tellement aimé que c'en soit un! Mais je sentais que, même si ça avait été difficile, j'avais pris la bonne décision. Il me fallait du temps pour voir clair dans tout ça et je ne pouvais pas y arriver avec Vincent qui me talonnait constamment. Avant de démarrer mon père m'a juste dit:

— T'sais, ma grande, c'est cent fois mieux tout seul qu'avec quelqu'un avec qui on est pas bien...

Je savais qu'il avait raison et qu'il n'en dirait pas plus. C'était déjà pas mal venant de lui, et parfait comme ça. Mes yeux se remplirent d'eau encore une fois et, en arrivant à la maison, je partis dans ma chambre, disant à ma mère que j'avais un examen à préparer. Je ne voulais surtout pas qu'elle vienne me «jaser» entre femmes. Pas ce soir.

Chapitre 4

Ennemie publique numéro 1!

Dès mon arrivée à l'école le lendemain, je sus que ce ne serait pas facile. Il fallait évidemment que la journée commence par deux cours que j'avais avec Vincent. Il m'ignora presque aux casiers, mais je sentis, tout au long de ces deux périodes, qu'il avait les yeux braqués sur moi. J'avais la nuque en feu tant son regard était lourd. Il avait l'air bizarre. Pas fâché, pas triste, juste intense, comme lui seul pouvait l'être. Comme s'il voulait lire dans ma tête ou m'envoyer un message télépathique. Je fus soulagée de passer au cours d'histoire. Je me sentis libérée par son absence. Au dîner, mes amies me posèrent mille questions que j'évitai du mieux que je pus; je dis simplement que nous avions décidé, tous les deux, de prendre une pause. Je ne l'avais pas laissé, enfin, pas tout à fait puisque c'était lui qui m'avait forcée à en venir à cette option. Je voulais me faire croire et faire croire aux autres que nous avions pris la décision ensemble. Vincent, lui, racontait cependant une tout autre histoire, tel que je l'appris plus tard.

Je passai plus d'une semaine ainsi à sentir son regard sur moi, à être mal à l'aise en sa présence.

J'essayai de lui parler, mais il trouvait toujours une excuse et m'évitait. Puis Naomie vint me voir un midi.

— Salut, Ély... Écoute, je peux te parler deux minutes?

— Bin, oui, qu'est-ce qui se passe?

— Je voulais juste te dire de faire attention...

— Attention? Pourquoi?

— Parce que Justine est au courant.

— Au courant de quoi?

— Bin, que t'as laissé Vincent parce que tu voulais sortir avec Nico.

— Hein?! Mais de quoi tu parles?

Naomie me regarda attentivement.

— C'est pas vrai, hein? Je vois bien dans ta face que t'es surprise.

— Surprise? Oui, mettons! J'ai pas laissé Vincent pour sortir avec Nico! D'abord, on se donne juste un break. On a pas vraiment cassé, en tout cas, j'pense pas. Et puis même si j'étais intéressée par Nico, il est avec Justine, pis y sont bien tous les deux, voyons!

— C'est pas ça que Vincent raconte...

— Ah bon? Qu'est-ce qu'il raconte, au juste?

— Vincent a vu Sabrina à l'aréna l'autre jour et elle lui a demandé si t'étais là. Vincent lui a répondu que vous étiez plus ensemble et il a ajouté: «Ta chum devrait faire attention. Ély m'a flushé pour enfin essayer de sortir avec Nico!» Sabrina savait pas quoi répondre. Elle pense pas que c'est ça qui est arrivé, mais elle a pas pu s'empêcher d'en parler à Justine. Elle a pogné les nerfs...

Je sentis la rage m'envahir.

— Ah, super! Là, j'imagine que Justine doit en raconter des belles à propos de moi!

— Je sais pas, mais j'imagine que oui... Sabrina est super mal là-dedans. Elle sait pas qu'est-ce qui est vrai, mais elle regrette de lui avoir répété.

— Ouain, il est un peu tard. Mais c'est pas grave. C'est pas de sa faute; j'aurais sûrement fait la même chose pour mon amie. Si tu la vois, tu peux toujours essayer de lui expliquer, mais je pense que ça donnera pas grand-chose!

Je fulminais. J'étais complètement, totalement furieuse contre Vincent. Comment avait-il osé? À cause de lui, Justine devait répandre les pires rumeurs à propos de moi. Il n'avait toujours rien compris! Et voilà que, même si nous n'étions plus tout à fait ensemble, il trouvait le moyen de m'accuser de quelque chose!

Je me levai et partis vers le gymnase, laissant Naomie plantée là, mal à l'aise. Je voulais voir Vincent, là, immédiatement. S'il n'était pas au gymnase, je ferais le tour de l'école jusqu'à ce que je le trouve. Au pire, je l'attendrais à la porte du local de sciences avant que le cours commence, mais je ne voulais quand même pas faire une scène devant tout le monde.

Il était là, au gym, en train de jouer au basketball

avec trois autres gars. Il me vit arriver, mais m'ignora complètement. Je tentai en vain d'attirer son attention. Il faisait comme s'il ne me voyait pas. Monsieur voulait jouer dur ? OK. J'étais trop fâchée pour attendre qu'il daigne bien vouloir venir me parler. J'enlevai mes souliers et entrai dans le gym. Je me plaçai tout près du panier et attendis. Un des gars lança le ballon et je le récupérai; je le tins dans mes mains et restai immobile. Vincent me regarda enfin.

— Vincent, arrête de m'ignorer, j'ai à te parler.

— Tu vois pas que je suis occupé ?

— Oui, je vois que t'es bin occupé à raconter toutes sortes de conneries sur moi. Tu viens ou je me vide le cœur devant eux autres ?

Il s'approcha à contrecœur et, en sortant du gymnase, je l'entraînai vers un corridor relativement désert. J'attaquai :

— C'est quoi ton problème, Vincent ? Pourquoi t'es allé dire ça à Sabrina ?

— Parce que c'est vrai.

— Et qu'est-ce qui te fait croire ça, hein ? Est-ce que je suis du genre à briser des couples ? Est-ce que je t'ai fait un coup ? Pourquoi tu m'en veux de même ?

— Je t'en veux pas ! En fait, je pense que tu m'as rendu service. T'avais raison. J'avais pas confiance en toi. C'est pour ça que j'étais jaloux. Mais finalement, c'était con parce que je me rends compte que tu m'as jamais aimé, pas pour vrai, en tout cas.

— Qu'est-ce que tu racontes, Vincent ? Je t'aimais et je pensais que je t'aimais encore, qu'on faisait juste prendre un break, qu'on verrait où on s'en allait avec ça...

— Arrête donc, c'est juste plus facile pour toi de me faire accroire que c'est pas vraiment fini. Je l'sais bien que dans le fond, ce que tu voulais, c'est qu'on casse.

— Ah oui ? Tu lis dans ma tête, astheure ?

— C'est pas difficile.

— Maudit que t'as la tête dure ! Regarde, je pense que là, t'as raison. J'veux pus essayer de te convaincre. C'est toi qui choisis ça, pas moi. Oublie ça, un break. Quand tu seras assez mature pour accepter des affaires pourtant pas si compliquées, on se reparlera peut-être. En attendant, j'aimerais juste ça que t'arrêtes de raconter des histoires même pas vraies sur moi. J'ai pas besoin que tu fasses d'la marde dans ma vie. T'en as assez fait de même ! J'imagine que ça serait trop te demander de dire à Justine que tout ce que t'avais raconté est pas vrai ? Il est probablement trop tard, *anyway*. Mais rappelle-toi d'une chose, c'est que je peux en inventer, des affaires sur toi, moi aussi, pis les raconter à tout le monde. Donne-moi pas le goût de commencer !

Sur ce, je tournai les talons et partis, le laissant sans voix. Tant mieux. Ça avait fait du bien, même si ça n'avait rien réglé. Justine devait me détester et se méfier de moi comme de la peste. Qui sait toutes les horreurs qu'elle racontait à mon sujet ? Je la connaissais suffisamment pour savoir qu'elle pouvait faire et dire n'importe quoi, surtout si elle sentait une menace, et ça me dérangeait profondément. Oh, boy ! Comment faire pour m'en sortir ?

* * *

Heureusement, les vacances approchaient. Nous allions passer deux semaines au chalet et c'était parfait. J'y fêterais mon anniversaire et allais entreprendre mon cours de moniteur de ski. J'avais de bons amis à l'école de ski, Émmie, surtout, et j'avais bien hâte de me distraire de toutes ces histoires avec Vincent.

Nous avons passé un beau Noël et, pour ma fête, mes parents m'ont offert les skis dont je rêvais depuis l'hiver précédent. Je me sentais bien et, comme il avait déjà assez neigé, les conditions de ski étaient parfaites. Entre les cours que je donnais et ma formation de monitrice, je vis plusieurs personnes que je connaissais : Naomie avec ses parents, le cousin de Sabrina, le beau Sébas avec deux de ses amis et trois filles que je ne connaissais pas vraiment. Il était vraiment très beau, dans le style un peu tape-à-l'œil. Oh ! ce devait être excitant de sortir avec un gars comme lui, mais j'étais certaine, de toute manière, que je ne l'intéresserais jamais en cent ans. D'ailleurs, les filles qui l'accompagnaient étaient plutôt différentes de moi et l'une d'elles me disait vaguement quelque chose. Je détestais ce style de filles et de toute façon ma mère m'aurait tuée s'il avait fallu qu'elle me voie accoutrée ainsi. Aguichantes, sexy, elles avaient l'air de croire que tous les gars les regardaient, ce qui était malheureusement souvent le cas, et faisaient tout pour se faire remarquer. Elles parlaient trop fort, riaient trop fort; il me semblait qu'elles exagéraient tout ce qu'elles faisaient. Elles se collaient à Sébastien comme des mouches sur du miel et lui, pas très subtil, regardait toutes les filles passer avec un petit sourire prétentieux. Je devais quand même avouer qu'il était assez spectaculaire... Émmie l'avait remarqué et m'avait suppliée de le lui présenter.

— Je le connais pas vraiment. J'sais qui c'est, mais lui a aucune idée de qui j'suis! C'est le cousin d'une fille que je connais, désolée!

Elle était déçue et a essayé de le croiser toute la journée. C'était comme une obsession. Elle parlait de lui sans cesse, mais comme il n'était pas seul et que ses tentatives n'aboutissaient pas, elle finit par changer de sujet.

Au bout d'une semaine, je ne pensais déjà presque plus à Vincent et à ses bêtises jusqu'au jour où je vis Catou, l'amie de Justine que j'avais revue à l'aréna, qui venait à l'école de ski. Je tentai de sortir avant qu'elle me voie, mais trop tard.

— Tiens, si c'est pas Élysabeth.

Elle avait un petit sourire sarcastique.

— Salut, Catou. Ça va?

— Oh, moi, ça va! Hey, Justine, regarde donc qui est ici!

Je me retournai et vis Justine. Elle me dévisageait comme si elle allait me mordre.

— Salut, Justine. Écoute, faut que je te dise...

— T'as rien à me dire, j'te connais pas, pis c'est plus *safe* pour toi de même. Je vais juste te donner un conseil: tiens-toi loin de Nico. Y a plein d'autres gars dans la ville; lui, il est pris. Je sais bien que pour une fille comme toi, c'est pas important, mais j'te jure que t'as pas fini avec moi si tu le laisses pas tranquille...

— Hey, ça va faire! J'ai rien fait. Vincent raconte n'importe quoi!

Catou entraîna Justine plus loin, et je ne tentai pas de les retenir. Moi qui avais espéré que ça se passe tout seul, je venais de faire percer ma bulle. Bon. Justine finirait bien par voir que ce n'étaient que des histoires, que je n'avais pas l'intention de lui piquer Nico ni même de lui parler. Ce que je ne savais pas encore, c'est que lui, il avait justement l'inverse en tête.

Chapitre 5

Étreintes et frissons

C'était le dernier soir avant la rentrée des classes. Dehors, le temps était superbe, froid, sans vent et avec une pleine lune magnifique. J'étais allée marcher avec mon appareil-photo, car j'avais envie d'essayer de photographier la neige; l'éclat de la lune donnait au paysage une couleur particulière. Je me rendis jusqu'au parc où j'avais patiné avec Nico dans ce qui me semblait être une autre vie. C'était sublime. Des arbres noirs ceinturaient le parc, les lumières de la patinoire atténuaient l'éclat de la lune, mais, aussitôt que je franchis la butte de neige, tout au fond, le petit boisé se découpa contre un ciel rempli d'étoiles. Un enfant avait perdu un foulard rouge et sa couleur faisait un contraste saisissant sur la neige, comme du sang. Inexplicablement, mes yeux se remplirent d'eau. Je pris une photo. Puis une autre. J'admirai une étendue de neige presque vierge à part quelques traces de pas. Je les pris en photo. Je savais bien que ces images seraient sombres, mais elles auraient une couleur, une ambiance particulière. J'entendis des pas crisser dans la neige derrière moi. Avant même de me retourner, je savais. C'était Nico.

— Ély... t'as pas froid?

— Non. Oui. Je sais pas, en fait.

— Ça va pas?

— Oui et non, je me sens un peu bof...

— T'as passé des belles vacances?

— Pas mal, toi?

— Oh! t'sais, du hockey, encore du hockey. Je voulais aller faire du ski, mais y avait des pratiques tous les deux jours.

— Oui, j'imagine. J'ai vu Justine...

— Ouain, je sais. Je suis vraiment désolé pour tout ça.

— Oui, moi aussi. Je suis vraiment déçu de Vincent. Au moins, maintenant c'est clair qu'il était temps qu'on arrête de sortir ensemble. Y a un méchant problème. Il voit des bibittes partout.

— Ouain, je connais une fille de même, moi aussi! Pis c'est encore pire depuis que Vincent s'en est mêlé. Je sais que Justine dit toutes sortes d'affaires sur toi. Elle le fait depuis qu'on s'est vus à l'aréna, mais là c'est pire que jamais. Elle ose pas les dire devant moi parce qu'elle sait que je te défendrais, et là, ça serait l'enfer!

— T'es fin, Nico, mais c'est correct. J'ai rien fait de mal à Vincent, moi je l'sais, toi tu l'sais, c'est tout ce qui compte. Et puis c'est pas juste depuis ce soir-là que ça a commencé à aller tout croche avec Vincent. Ça a juste empiré quand il s'est mis à imaginer toutes sortes d'affaires, genre que j'étais tombée complètement amoureuse de toi ce soir-là. Il arrêtait pas de dire que toi aussi, tu me regardais de la même façon, qu'il aurait fallu être con pour pas le voir...

Nico resta silencieux quelques instants. Puis il se rapprocha de moi, me regarda et dit tout doucement :

— Et si c'était vrai ?

Il me transperçait de ses rayons laser. *Et si c'était vrai ?*

Il faisait froid, très froid même. Mes fesses étaient gelées, mais je sentais mes mains moites. Mon cœur battait beaucoup trop vite. La lune faisait briller la neige comme des millions de cristaux. Nico prit mon visage entre ses mains et répéta :

— Et si c'était vrai ? Moi, je sais maintenant que ce l'était, pour moi. J'ai pas arrêté de penser à toi depuis l'autre soir à l'aréna.

Je pris une ou deux secondes avant de répondre ce qui était maintenant tellement clair que c'en était aveuglant.

— Même chose...

Il m'a embrassée. Là, en plein parc. Un tout petit baiser, tendre, froid, qui sentait et goûtait bon le dehors. Qui représentait mille promesses et allait tout bouleverser. Puis, Nico a mis son bras autour de mes épaules et m'a serrée contre lui. J'étais si bien.

Nous sommes restés là sans dire un mot, puis nous nous sommes levés; il était temps de rentrer avant de se retrouver avec des engelures. Nous avons marché ensemble, main dans la main. J'étais nerveuse. Et si nous croisions Justine, ses parents ou une de ses amies ? Je tentai de lâcher la main de Nico en sortant du parc. Nous avions assez de problèmes comme ça. Or, il tint la mienne encore plus serrée, cessa de marcher et me força à le regarder :

— Ça fait longtemps que c'est fini avec Justine. J'avais juste pas le courage de lui dire. J'aurais dû. C'est con. Je savais que je pensais trop à toi, mais je pensais pas que c'était la même chose pour toi. Avoir su... j'aurais pas attendu aussi longtemps !

Il m'embrassa. C'était encore meilleur que la première fois. Mais là, ce n'était pas un tout petit baiser. C'était un long, un doux, un fougueux, un vraiment bon baiser.

Et nous avons recommencé à marcher; je flottais à quelques centimètres du sol, je me sentais comme un ballon gonflé à l'hélium menaçant de s'envoler à tout moment. Mille inquiétudes se bousculaient dans ma tête. Comment se passeraient les prochaines semaines ? Justine serait furieuse, blessée, et m'en voudrait terriblement. Elle dirait sans doute qu'elle avait eu raison dès le début, et Vincent aussi ! J'imagine que Nico pensait aux mêmes choses que moi, car il resserra ma main dans la sienne, comme pour dire : « Ce ne sera pas facile, courage, on va s'aider ! »

En arrivant chez moi, Nico m'a prise dans ses bras, sans m'embrasser cette fois. Il a enlevé mon capuchon et a embrassé mes cheveux « pour se réchauffer », dit-il. Puis il m'a serrée tout contre lui.

— Je pourrai pas te voir demain, j'ai une pratique... Est-ce que je peux te téléphoner en revenant, vers neuf heures ?

— Oui, je serai à la maison.

— Je vais parler à Justine à l'école.

— Ouf... tu vas lui parler de moi ?

— Hum, j'pense que non. Je vais lui dire la vérité : que ça fait un bout de temps que je me sens plus bien avec elle. Pas besoin d'en rajouter !

— Ouain, bin, j'pense qu'elle va en rajouter quand même.

Et nous nous sommes embrassés une dernière fois. Je ne voulais pas que cette soirée se termine. Comme s'il lisait encore une fois dans mes pensées, Nico ajouta :

— C'est juste notre premier soir... J'ai tellement hâte à tous les autres !

Dernière étreinte, derniers frissons. Je le quittai et rentrai chez moi.

Chapitre 6

Seuls au monde

Ma mère avait tout vu. Elle ne se contenait plus.

— Ah! Je savais que vous finiriez par sortir ensemble! Je suis contente pour toi, Ély. C'était écrit dans le ciel. Jean-François! Viens ici!

— Maman, franchement, pas besoin d'appeler papa!

Qu'elle pouvait donc être fouine, ma mère! J'aurais parié qu'elle nous avait regardés par la fenêtre tout le long. Si elle avait pu, je pense qu'elle serait aussi sortie pour nous entendre! Argh! la paix!

Je passai le jour suivant sur un nuage. Je devais avoir un grand sourire idiot au visage parce que Naomie m'a demandé au moins quarante-cinq fois ce qui me rendait d'aussi bonne humeur même si l'école recommençait. J'avais terriblement envie de tout lui raconter, mais je ne pouvais pas. Elle aurait tout dit à Sabrina, qui aurait tout raconté à Justine. Je lui dis juste que j'avais passé de belles vacances, mais elle n'était pas dupe.

— T'as rencontré quelqu'un, hein, c'est ça? Au ski? Allez, raconte!

— Bin non, c'est pas ça. J'te jure, c'est rien, je suis juste de bonne humeur, c'est tout !

Elle me laissa tranquille pendant un petit moment. Je me demandai comment je me sentirais en voyant Vincent. Gênée ? Coupable ? Pas du tout. En le voyant, je me sentis soulagée. J'imagine que tout était enfin clair, que je réalisais que je n'avais pas de comptes à lui rendre et qu'il ne pouvait plus m'atteindre. Quel bonheur ! Je me sentais légère, j'avais hâte de parler à Nico. Avait-il parlé à Justine ?

Il me téléphona, tel que promis, à neuf heures pile.

— Ouf ! C'était pas facile... T'as pas idée combien j'aimerais te voir, là, maintenant... Mais si j'allais chez toi, ta mère se douterait bien de quelque chose !

— Ah, ça, c'est déjà fait ! Elle nous a vus hier soir.

— Ça devait bien arriver. C'est pas grave ! Je m'en viens, d'abord !

Je n'eus pas le temps de répondre : il avait raccroché. À peine cinq minutes plus tard, il était à la porte. Je me précipitai pour répondre, mais ma mère me devança.

— Je me demande bien qui peut venir chez nous à cette heure-ci ! Ah, Nico ! Quelle surprise !

Mon Dieu qu'elle était mauvaise actrice ! Elle n'aurait pas fait une bien longue carrière à la télévision. Elle l'invita à entrer pendant que je le regardais, mille excuses dans le regard. Il me sourit, salua mes parents, et mon père dit :

— J'ai fini en bas, si vous voulez aller regarder la télé.

Nous sommes descendus, et aussitôt arrivé au sous-sol, Nico m'a embrassée. Il caressait mes cheveux et moi, je m'émerveillais de ce que mes mains touchaient. Il me regarda de ses yeux trop bleus :

— Ah, quelle journée !

— Oui, j'imagine. Moi, ça a plutôt bien été. Naomie a eu l'air de me trouver bizarre, mais j'ai pas voulu lui dire quoi que ce soit. Elle est un peu trop amie avec Sabrina.

— T'as bien fait, mais je pense que ça va quand même être laid... Attends-toi à tout !

Nous sommes restés là, tout près l'un de l'autre, regardant quelque chose à la télévision que nous ne suivions pas vraiment. Nous avons parlé de tout et de rien et, vers dix heures moins quart, il est parti. J'avais déjà hâte de le revoir. Heureusement, je réussis à éviter ma mère et à me coucher, un grand sourire aux lèvres.

* * *

Le lendemain ne se passa pas du tout comme la veille. Dès mon arrivée à l'école, Naomie m'apostropha :

— Bravo. T'avais réussi à me faire croire que ce que Vincent avait raconté à Sabrina était pas vrai. T'as dû me prendre pour une vraie épaisse, hein ?

— Non ! C'était pas vrai, pas une miette !

— Ah non? Arrête, Ély. Nico a cassé avec Justine hier.

— Et puis? J'ai rien à voir là-dedans!

— Bin non, c'est ça. De toute manière, laisse faire. Justine avait bin raison de dire que t'étais juste une menteuse pis que tu jouais dans le dos de Vincent depuis un bout de temps!

— J'ai jamais joué dans le dos de personne!

— Arrête, tu te cales.

Je ne savais plus quoi dire et il était inutile d'insister. Nico m'avait bien prévenue, et je m'attendais à ce genre de réplique. Ce à quoi je ne m'attendais cependant pas, c'est à Vincent qui arriva et me regarda avec un air vraiment méchant:

— Naomie, faudrait que je parle à Ély, OK?

— OK, je vais être à la cafétéria si tu veux venir me rejoindre.

Vincent se retourna vers moi:

— Si t'avais juste été franche avec moi au lieu de me jouer dans le dos, j'aurais pu comprendre. Finalement, je le plains, Nico: il sait pas encore comment t'es...

J'étais sans voix. Il avait tellement de hargne, de mépris, que j'étais estomaquée. Il me fallut un bon moment avant de pouvoir lui répondre:

— Tu sais pas de quoi tu parles, Vincent. T'es complètement parano, pis ton maudit caractère de chien pis ton air bête, c'est ça qui a fait que je voulais un break, rien d'autre et certainement pas Nico!

— Quoi ? Moi, j'ai mauvais caractère ? Juste quand je me fais niaiser, Ély. Ça, j'aime vraiment, vraiment pas ça. Ça pis avoir l'air con parce que ma blonde me joue dans l'dos !

— Avoir l'air con, ça, t'es capable tout seul, t'as vraiment pas besoin de moi !

Je regrettai ces dernières paroles même s'il les avait bien cherchées. Je vis ses yeux changer, comme l'autre soir, se vider de toute expression et devenir complètement froids. Ses mains se crispaient et un de ses yeux était mi-clos. Il me prit par l'encolure de la blouse et me plaqua contre les casiers. Fort, trop fort.

— Traite-moi pus jamais de con, Ély. En fait, parle-moi pus pantoute, OK ?

Il me faisait mal, et je sentais qu'il m'aurait fait encore plus mal si nous n'avions pas été à l'école en plein corridor. J'en pleurais presque.

— Arrête, Vincent tu me fais mal !

Il sembla sortir de sa torpeur. Il me lâcha brusquement et ce n'est que lorsque mes pieds touchèrent le sol que je me rendis compte qu'il m'avait soulevée. Vraiment. Avait-il eu, encore une fois, envie de me frapper ? Était-ce sa façon de se venger de la blessure que je lui avais infligée ? J'étais trop étonnée pour être capable de répondre. Je restai là et le regardai partir, sans voix et les yeux pleins d'eau.

Ce midi-là, je décidai d'aller manger rapidement à la cafétéria avec Roxanne avant d'aller au local du journal. Je vis Vincent avec Naomie, tous deux assis l'un contre l'autre. Ils étaient ensemble, c'était évident. J'étais étonnée. Naomie avec Vincent ! Eh bien ! Ne s'était-elle pas moquée, elle aussi, de son fameux air bête ? Elle verrait bien, maintenant que c'était elle, la Belle avec l'air bête, à quel point il pouvait avoir la tête dure !

Je décidai de les éloigner tous les deux de mes pensées. Le lendemain, en plus de Naomie qui ne me parlait plus et me regardait comme si j'étais la pire des sottes, d'autres filles que nous connaissions toutes les deux gardaient leurs distances. Elles avaient toutes l'air de comploter à mon sujet, se chuchotant des secrets et me regardant avec des airs dédaigneux. Je retournai dîner au local du journal. J'avais bien assez d'amies à l'école. Je n'avais certainement pas besoin d'elles ! Là, je vis Marilou, une fille de cinquième secondaire qui adorait mes photos.

— On dirait que ça va pas.

— Bof, c'est juste des conneries.

Je lui racontai brièvement ce qui s'était passé en lui donnant juste assez de détails pour qu'elle puisse se faire une bonne idée de la situation. Je l'aimais bien, et même si elle était plus vieille que moi, elle ne me l'avait jamais fait sentir, au contraire. Elle me regarda quelques instants et dit finalement :

— Laisse-les faire. Sont juste jaloux. C'est toujours de même. D'après ce que tu me dis, Nico et toi, vous étiez dus pour sortir ensemble, pis je suis prête à gager que vous allez être longtemps ensemble, toujours, peut-être même ! Faque ceux qui décident d'embarquer dans ces chicanes niaiseuses, on s'en fout pas mal, hein ? C'est pas comme si t'avais pas d'autres amis, ici et ailleurs !

— C'est vrai ! On s'en fout complètement !

— Tu vas voir, d'ici quelque temps, ils vont trouver un autre sujet de conversation, ils vont t'oublier. Et qu'est-ce qui va te rester ?

— Nico ?

— Exactement. En attendant, si tu veux venir dîner ici, y a pas de problème !

Il s'avéra qu'elle avait tout à fait raison. Après quelque temps, Naomie et les autres cessèrent de m'embêter et finirent même par m'ignorer. Moi, j'appris à mieux connaître d'autres filles de l'école que je n'avais pas eu la chance de côtoyer et fis d'autres photos. Des tonnes de photos. Mes plus belles, évidemment, étaient de Nico.

De son côté aussi, la tempête finit par se calmer. Justine et ses amies trouvèrent d'autres personnes à faire souffrir et nous oublièrent enfin. La vie continuait.

* * *

La saison de hockey s'achevait, et j'aurais aimé aller voir Nico jouer plus souvent, Vincent ou pas. Mais maintenant que je pouvais enseigner le ski, je m'amusais beaucoup les fins de semaine, et les soirées avec mes amis de l'école de ski étaient souvent mémorables. Oui, Nico me manquait ces soirs-là, mais à l'inverse d'avec Vincent, je ne sentais pas qu'il m'en voulait le moins du monde de m'amuser sans lui, au contraire. Il me posait des questions, beaucoup de questions, mais je n'entendais jamais, dans son ton, ni reproche ni jalousie. Il savait que j'avais travaillé fort pour devenir monitrice et que j'adorais ce que je faisais tout autant que lui aimait le hockey. Quand je réussissais à aller le voir jouer, c'était comme une fête. Chaque fois qu'il comptait un but, et ça arrivait souvent, il me regardait comme s'il l'avait compté pour moi. Et quand je le retrouvais après ces parties, tout mouillé et sentant bon le shampoing et le savon, j'étais plus amoureuse que jamais.

Ses parents étaient adorables. Ils avaient bien fait quelques blagues les premières semaines, prétendant, eux aussi, qu'ils avaient toujours su, mais ça n'avait rien à voir avec la façon dont ma mère jubilait. Ils semblaient trouver tout ça naturel et agréable, alors que ma mère avait l'air de déjà penser à la cérémonie du mariage.

Ma mère... Elle m'énervait de plus en plus. Chaque fois que je revenais d'une sortie avec Nico, elle m'attendait avec ses questions indiscrètes. Il était clair qu'elle voulait savoir ce qui se passait entre nous, tous les détails les plus intimes. Pensait-elle vraiment que j'avais envie de lui raconter ça ? Non, ça n'appartenait qu'à nous deux.

Nico m'avait avoué qu'il n'avait jamais couché avec une fille, ni avec Justine ni aucune autre. J'étais un peu étonnée, mais pas trop. Il avait eu presque l'air gêné, comme s'il croyait que je serais déçue qu'il n'ait pas « d'expérience » ! J'étais plutôt contente et soulagée de savoir que je serais la première fille avec qui il ferait l'amour, comme il serait le premier pour moi. C'était parfait, même si cette éventualité nous semblait encore bien lointaine. Nous en avions parlé un soir où... un de ces soirs où nous étions si bien ensemble. Où parler de ces choses était facile, sans complications, comme ce l'était toujours avec lui. Il m'avait dit qu'il avait peur de ne pas savoir comment, de ne pas être bon... Il lui avait fallu beaucoup de courage pour m'avouer ça, et je l'en aimais encore plus. J'avais répondu que j'étais certaine que si nous attendions le bon moment, toutes ces angoisses disparaîtraient d'elles-mêmes... Il était tout à fait d'accord.

Les premiers temps, quand nous étions seuls quelque part, c'était comme si nous n'osions pas trop nous découvrir trop vite. Nous nous embrassions, c'était évidemment délicieux, mais c'était comme si nous avions du mal à croire que nous étions enfin ensemble ou que nous étions sur nos gardes. Peu à peu, ces sentiments étranges ont disparu et nous avons eu envie de vraiment nous goûter. Sa langue autour de la mienne me rendait folle. J'adorais ses lèvres, j'adorais son odeur, ses mains dans mes cheveux, dans mon dos, sur mes fesses. Et moi, j'avais envie de toucher chaque parcelle de lui. Nous passions de longs moments au parc, étendus sur une couverture, à nous embrasser. J'aurais pu rester là des journées entières, mais nos horaires étaient encore très chargés.

Nous étions toujours bien ensemble. J'avais continuellement cette impression étrange de le découvrir mais de le connaître intimement à la fois. C'était mon ami de toujours et cependant, ce n'était plus tout à fait lui. Je le trouvais beau; je pouvais passer des heures à le regarder patiner, mais aussi à simplement l'admirer. Quand nous sortions ensemble, j'étais fière d'être à son bras. Il me faisait me sentir si belle! Il passait de longs moments à caresser mes cheveux, qui lui faisaient toujours penser à l'automne. Il disait même que l'automne était sa saison préférée parce que ça lui faisait penser à mes cheveux, donc à moi.

— Non, c'est parce que le hockey recommence que t'aimes l'automne!

Il disait aussi adorer mes taches de rousseur, prétendant qu'elles lui avaient toujours fait penser à des petits cristaux de caramel. Whoa! Il arrivait presque à me les faire aimer, moi aussi! En tout cas, je les détestais certainement moins!

Nico jouait dans une ligue de hockey de printemps

qui disputait des parties jusqu'à la Saint-Jean-Baptiste et moi, j'allais toujours au chalet. Je m'étais promis d'essayer de convaincre ma mère de me laisser rester seule à la maison quelques fins de semaine et cherchais encore la stratégie infaillible.

Nous avons franchi un cap important dans nos découvertes amoureuses à la danse du carnaval de mon école. Nico n'aime pas tellement danser, contrairement à moi, alors il jouait au billard avec Antoine pendant que je m'épivardais sur la piste de danse avec Roxanne. Quand les derniers slows de la soirée se sont fait entendre, je l'ai entraîné sur la piste de danse. Dans les bras l'un de l'autre, nous dansions. Il faisait chaud. Les cheveux dans son cou collaient à sa peau et il avait un goût salé. J'embrassai ce cou que j'aimais tant, et je sentis Nico frissonner. Il me serra plus près de lui et je pus constater l'effet de son excitation contre mon ventre. Je me frottai doucement contre cette bosse, flattée d'en être la cause. La musique si forte, la chaleur et la danse m'avaient mise dans un drôle d'état. J'aurais voulu rester là, tout contre lui pour toujours, mais au bout de trois chansons, les lumières se sont allumées, marquant la fin de la soirée.

Nous nous sommes dirigés vers l'arrêt d'autobus, mais juste avant d'y arriver, Nico nous a fait bifurquer vers l'arrière de l'école. Et là, après s'être assuré que nous étions bien seuls, il m'a appuyée contre le mur de briques et m'a embrassée. Il n'avait jamais été aussi amoureux, ou excité, et moi non plus. Ses mains glissaient sous ma camisole et me broyaient les côtes. Il me caressait et m'embrassait avec fougue. Sa main palpait mes seins par-dessus ma camisole, et je soupirais de plaisir et de bonheur. Un éclair de lucidité me rappela cependant que si nous ne voulions pas rater le dernier autobus et être obligés de téléphoner à un de nos parents, il nous fallait partir, et tout de suite!

Je n'en avais pas envie, mais l'idée d'appeler ma mère me plaisait encore moins. Elle viendrait certainement me chercher, mais j'aurais droit à toutes sortes de commentaires et questions. Elle était particulièrement tendue ces jours-ci. Mon père avait beau me dire: «C'est sa crise de la quarantaine, Ély, t'en fais pas!», je sentais confusément qu'il y avait plus. Leurs disputes prenaient parfois des proportions inquiétantes, alors je n'allais tout de même pas empirer les choses!

Nico s'est dégagé, m'a pris la main et s'est remis à marcher. Nous avons attrapé l'autobus de justesse. L'éclairage dans le véhicule était trop cru. Nous avions envie de noirceur et de calme, mais nous étions tous les deux trop excités pour que ce petit obstacle nous freine. Nous avons donc recommencé à nous embrasser au fond de l'autobus, profitant du fait que nous étions seuls à cette heure tardive. Comme le dossier du siège de devant nous fournissait un peu d'intimité, je faufilai ma main sur la cuisse de Nico, puis entre ses jambes. Là, je pus sentir à nouveau à quel point il était dur. Je trouvais ça très excitant et j'avais l'impression d'exercer un certain pouvoir sur lui, sur son corps. Je glissai ma main de haut en bas et je l'entendis soupirer. J'avais envie de détacher son pantalon, mais je savais que ce n'était pas le bon endroit pour ça. Cependant, c'était justement ce qui me donnait encore plus envie de le faire. Je plaçai sa veste sur ses cuisses et continuai à le caresser, lentement et doucement. Puis, je détachai finalement sa ceinture. Nico me regarda, incrédule… Je ne savais pas trop ce qui me prenait — je préférais normalement être certaine que nous étions seuls pour ce genre de choses —, mais je ne pouvais m'empêcher de continuer. Ma main glissa dans son pantalon et s'empara doucement de son pénis. Je le caressai en l'embrassant et j'adorais voir son air de concentration extrême, tout près de la panique. Il empoigna ma main et l'enfonça entre ses jambes juste avant de jouir. Je m'essuyai sur sa veste qu'il noua autour de sa taille pour essayer de camoufler le devant de son pantalon. J'étais étonnée de ce que je venais de faire même si je n'avais pas le moindre regret. Et lui non plus…

Nous sommes descendus main dans la main. Nico m'a raccompagnée chez moi et, pendant que nous nous embrassions devant la maison, je pensai à mon bonheur incroyable, à cette joie de vivre tant de choses avec lui, à tout ce que nous allions découvrir ensemble éventuellement.

Entre-temps, ma mère faisait des siennes. Elle me regardait différemment, m'observait et me dévisageait, en fait, comme si elle cherchait sur mon visage un signe de ce qui se passait ou des détails de ces merveilleux moments avec Nico. Ça m'agaçait royalement. Je la trouvais indiscrète et avais envie de lui crier au visage :

— Maman, la paix ! Non, j'ai pas encore couché avec Nico, mais quand je vais le faire, je vais faire mettre une annonce dans le journal, OK ?

Attendait-elle une confirmation de ma part ? Peut-être qu'elle aurait voulu me mettre en garde contre les dangers comme les ITS et les grossesses non désirées. Comme si je n'étais pas au courant ! J'aurais tellement voulu qu'elle cesse de me scruter comme ça ! Mais j'avais tout faux. Elle me regardait, oui, et elle essayait effectivement de savoir où j'en étais avec Nico, mais pas pour me faire un sermon. C'était plutôt pour continuer à me dire quoi faire et à tout décider pour moi. Un bon soir, elle vint dans ma chambre avec son ton de la maman-qui-veut-avoir-une-conversation-sérieuse-avec-sa-fi-fille-chérie. Je soupirai et l'invitai, malgré moi, à entrer.

— Allô, ma chouette...

— Salut.

— Écoute, je passerai pas par quatre chemins. Tu as quinze ans, Nico en a seize, et je sais que vous êtes amoureux.

— Oui, maman, mais commence pas à préparer nos fiançailles tout de suite, OK ?

— Quoi ? Es-tu folle ?

Elle n'avait pas pigé le sarcasme. Elle pensait que j'étais sérieuse.

— Maman, c'est une blague. C'est juste que tes commentaires qu'on est faits pour aller ensemble, et tout, ça devient un peu fatigant, t'sais ?

— Je le sais, excuse-moi, ma grande. C'est juste que je me souviens, à ton âge, et...

— Maman, s'il te plaît, recommence pas avec ça, OK ?

Elle allait me raconter sa vie avant mon père, me dire que je devais faire attention, blablabla. Mais elle m'étonna :

— Non, je recommencerai pas. C'est pas ce que je voulais te dire. C'est que je pense qu'il serait temps que tu commences à prendre la pilule. Je pensais que tu me le demanderais toi-même, mais apparemment, non.

— Maman ! Je suis pas rendue là !

— Non, peut-être pas. Et j'aimerais tellement te dire de prendre ton temps, que tout ça peut attendre, et j'espère que c'est ce que tu feras. Mais certaines choses arrivent plus vite qu'on pense. Au moins, je fais confiance à Nico, mais il serait bien que tu sois préparée.

— ...

— Écoute, je t'encourage pas à aller trop loin trop vite avec Nico, mais si tu dois le faire un jour, j'aime mieux que ce soit avec lui. J'ai déjà pris rendez-vous avec la docteure Gagnon. De toute manière, je sais que tu as très mal au ventre pendant tes menstruations, alors ça pourrait te faire du bien. La pilule peut rendre tes règles plus faciles... Mais ça veut pas dire que vous aurez pas besoin de faire attention plus tard, quand vous serez rendus là, et j'espère que tu sais que je parle de condoms !

— Maman ! Nico, y a jamais couché avec personne. C'est sûr qu'y a jamais rien attrapé !

— C'est pas parce qu'il te dit ça que c'est vrai, tu sais. Un gars, c'est un gars. Il peut te dire ce que t'as envie d'entendre. Même Nico.

— Ah ! *come on*, m'man...

— OK, je te laisse là-dessus, Ély. Jeudi prochain, tout de suite après le souper.

Elle se leva et quitta enfin ma chambre. Ouf! Pour une fois, cette décision prise pour moi par ma mère faisait mon affaire. Oui, j'avais pensé à la pilule, mais je n'avais aucune idée de la façon d'aborder le sujet. Elle m'étonnait. Je ne m'attendais pas à ce qu'elle soit aussi ouverte sur ce sujet-là !

* * *

La visite à la clinique avait été spéciale. Bizarre. J'avais réussi à convaincre ma mère que je pouvais y aller toute seule, ce qui constituait un véritable exploit. Elle voulait être là, car elle était ma mère et je n'avais que quinze ans. Je sais bien qu'au fond, elle voulait surtout entendre ce que je dirais au médecin. J'avais fini par obtenir gain de cause en soulignant le fait qu'elle disait toujours que j'étais presque une adulte et que je devais faire de plus en plus de choses par moi-même... Elle n'avait rien trouvé à répondre pour une fois!

C'était vraiment étrange. Autant je me sentais gênée, intimidée comme une toute petite fille, autant je me sentais adulte. Notre médecin de famille m'a examinée et m'a demandé si j'étais active sexuellement afin de déterminer si elle devait me faire tout de suite l'examen vaginal — yark! Je lui ai répondu honnêtement que je n'avais pas encore, enfin... eu de pénétration. À mon grand soulagement, l'examen pouvait attendre jusqu'au prochain rendez-vous. Ouf! Puis, nous avons parlé de toutes sortes de choses, ce qui me mettait de plus en plus à l'aise. Je voyais bien qu'elle ne me jugeait pas — elle était très gentille —, et c'était bon de parler de tout ça à une autre adulte que ma mère. Finalement, elle m'a donné la prescription pour la pilule en m'expliquant les effets secondaires possibles et en me disant quoi faire si j'en ressentais. Quand je suis sortie de son bureau, je pense que j'avais grandi d'une vingtaine de centimètres. Je me demandais comment je me sentirais avec Nico. Est-ce que je verrais une différence ?

* * *

Oui, il y avait une différence. Quand je lui ai annoncé que j'avais commencé à prendre la pilule, il m'a regardée, m'a souri et m'a embrassée. Je me sentais encore plus amoureuse que d'habitude. Il m'a dit :

— Ça veut pas dire qu'il faut se presser... mais si t'es prête, tu me le dis !

Ses beaux yeux brillaient; j'avais très envie de faire l'amour et j'étais presque prête. J'avais cru qu'il serait facile d'attendre encore un peu, mais je commençais à douter de ma patience. J'étais extrêmement curieuse, certaine que les choses se passeraient bien même si nous étions nerveux tous les deux, même si Nico m'avait avoué avoir peur que je sois déçue. Comment aurais-je pu l'être ? Je ne m'attendais à rien d'autre qu'à vivre quelque chose de vraiment intense et intime avec lui, rien qu'avec lui, quelque chose de spécial que je n'aurais voulu faire avec personne d'autre. Comment aurais-je pu être déçue ?

Encore fallait-il, cependant, que les circonstances soient favorables. Zéro stress ou, en tout cas, pas de stress inutile, car je me doutais bien que nous serions tous les deux passablement nerveux quoi qu'il advienne. Nico et moi étions parfaitement d'accord :

la première fois que nous ferions l'amour ensemble serait spéciale et nous nous en souviendrions toute notre vie. J'avais entendu tellement d'histoires de premières fois qui s'étaient mal passées ! Ça ne nous arriverait pas, à nous. S'il me semblait impossible de l'aimer davantage, c'était pourtant ce que je ressentais chaque jour. Plus qu'hier et moins que demain. Le temps passait, et mon souhait le plus cher, que Nico partageait avec moi tout à fait, était de passer le reste de ma vie avec lui, d'avoir une jolie famille et d'être heureux ensemble pour toujours. Autant ces pensées me paraissaient lointaines, autant elles me semblaient possibles, inévitables, même. Nico n'était pas qu'un chum, c'était l'homme de ma vie. Et pour lui, j'étais la fille de ses rêves.

Alors, comme nous ferions encore l'amour ensemble à cinquante ans, il ne servait à rien de nous presser. Nous avions tout notre temps pour « pratiquer ». Et c'est ce que nous faisions, chaque fois que nous le pouvions. Hmmmmm ! Je vivais les plus belles semaines de ma vie.

* * *

L'année scolaire achevait et nous avions toutes sortes de projets pour l'été, Nico et moi. Mes parents étaient d'accord pour qu'il vienne au chalet quand ce serait possible, car, évidemment, Nico jouait au hockey même l'été. Il prenait des cours de perfectionnement et s'était trouvé un emploi au dépanneur trois soirs par semaine. Ça m'embêtait parce que nous avions moins de temps pour nous voir, mais il voulait économiser pour s'acheter une auto le plus vite possible. J'allais donc le voir souvent, trouvant mille prétextes pour aller chercher un paquet de gomme ou quelque chose à boire. J'aimais le voir travailler, et même s'il trouvait un peu difficile de devoir refuser de vendre de la bière ou des cigarettes à certaines personnes qui n'avaient pas l'âge requis, il tenait à son emploi et s'acquittait bien de ses tâches.

Un soir qu'il était en poste, des gars du cinquième secondaire de son école l'invitèrent à un party de la Saint-Jean-Baptiste au chalet d'un certain Jérôme, claviériste dans le *band* de Sébastien, l'irrésistible Sébastien. Nico avait très envie d'y aller, mais moi, je n'en étais vraiment pas certaine surtout parce que je n'avais pas envie de revoir du monde de mon ancienne école après tout ce que Justine avait dû leur raconter.

Je réussis à le convaincre de faire notre propre party avec quelques amis et d'aller à la fête qui se donnait dans le quartier. Nous en profiterions même pour célébrer nos six mois un peu à l'avance.

Six mois ! Bien des choses étaient arrivées en six mois... et il en restait tant à faire ! Nous nous sentions de plus en plus en confiance et téméraires dans nos « découvertes », mais en même temps, il était de plus en plus difficile de trouver des occasions d'être ensemble juste tous les deux. L'idée de faire l'amour était toujours bien là, mais il y avait toujours quelqu'un chez lui ou chez moi. Les parcs, c'est bien, mais je n'étais pas prête à courir le risque de me faire prendre en position, disons... délicate en plein parc! En attendant, rien ne nous empêchait de continuer à nous découvrir plus... discrètement. Les caresses prodiguées dans l'autobus se sont répétées dans des endroits tout de même plus à l'abri des regards. Chez moi, un bon soir alors que mes parents étaient sortis pour quelques heures, nous nous sommes étendus au sous-sol et avons laissé nos corps se parler. Il a déboutonné ma blouse; je le regardais dans les yeux, n'y voyant que de l'amour et de belles étincelles. Je l'ai aidé à détacher mon soutien-gorge, puis il a retiré son t-shirt et s'est couché sur moi. Sa peau sur la mienne était incroyablement douce et chaude. Je n'avais jamais rien ressenti d'aussi bon. J'avais l'impression de bouillir en dedans tout en frissonnant à l'extérieur. Nico embrassait mon cou, léchait mes oreilles; ses mains touchaient mes seins tout doucement, comme s'il avait peur de me faire mal. Oh! il ne me faisait TELLEMENT PAS mal! C'était étrange. Je me sentis tout à coup très vieille. Pas vieille comme ma mère, non, mais je me sentais femme. Quand il s'est mis à embrasser mes seins et à les sucer, j'ai poussé un gémissement de plaisir. J'avais l'impression qu'il se retenait, qu'il avait envie d'être plus énervé, mais sa réserve me convenait tout à fait. Je voulais profiter de chaque seconde de ces merveilleuses caresses.

Il m'embrassa le ventre et me caressa à travers mes jeans. Je gémis encore plus; c'était terriblement bon. Je sentais dans mon ventre de drôles de choses, comme une chaleur, comme une crampe, mais pas du tout comme une crampe de menstruations, plutôt comme un picotement. Au même moment, je sentis que ma culotte devint tout humide. Nico se coucha sur moi et son érection était plus palpable que jamais, tellement que le bout de son pénis débordait de son jean quand il se frottait sur moi. Cette chair sur mon ventre était si douce et chaude que j'eus envie de la dégager de son pantalon. Tout ça me semblait naturel. Je laissais mes mains et mon corps agir comme bon leur semblait. Je fis retourner Nico sur le dos et me couchai sur lui à mon tour, écrasant mon bassin tout contre le sien. Je me relevai à moitié, défis la fermeture éclair de son jean et pris son pénis dans ma bouche à peine quelques instants puis il le retira… juste avant d'exploser.

Je me retrouvai la main toute mouillée avec Nico, couché là, qui me regardait. Il avait l'air assommé.

— Je m'excuse… j'sais pas ce qui s'est passé.

— Tu t'excuses ? Mais pourquoi ?

— Bin… j'étais pas supposé m'échapper de même !

— Et ça fait quoi ? T'as pas aimé ça ?

— Bin oui, qu'est-ce que tu penses ! C'est juste que j'aurais aimé ça que ça dure plus longtemps et que tu puisses en profiter, toi aussi, avant que tes parents reviennent.

— Oh ! je me reprendrai bien un jour !

Je partis à la salle de bains me laver les mains. Le miroir me renvoya une image de moi tout échevelée, les pommettes rouges, les yeux brillants. J'étais totalement, incroyablement heureuse, au point d'en avoir la gorge nouée. Était-il possible d'être aussi totalement heureuse, pour toujours ? Oui, sûrement. Je partis rejoindre mon amoureux. Il avait remis son chandail, et j'en fis autant. Je me blottis dans ses bras et lui dis :

— Je voudrais que cette soirée finisse jamais. Je veux rester ici, comme ça, pour toujours !

— J'aimerais tellement ça, m'endormir avec toi dans mes bras…

Sur ce, il se remit à m'embrasser. Délicieusement. Il était couché à mes côtés, appuyé sur un coude, et me jouait dans les cheveux. Puis, il m'embrassa le visage, le cou. Il déboutonna de nouveau ma blouse, m'embrassa le ventre, me caressa les cuisses. Il se frotta contre moi et je pus sentir qu'il était à nouveau excité. Si vite ? Hmmm. Il détacha mon jean et je le laissai faire. Sa main caressait mon ventre, s'amusait à essayer de se glisser sous ma culotte. Voilà ces crampes qui revenaient ! Je me sentis à nouveau tout humide et il retira sa main.

— Tu veux que je te laisse tranquille?

— Bin, ça dépend!

— Je veux juste te caresser... OK?

— OK...

J'avalai péniblement. Sa main retrouva sa place sur mon ventre et glissa plus bas, encore plus bas. Je sentis ses doigts sur mon poil et me crispai. Mais dans ses yeux je ne voyais que de l'amour, alors tout allait bien. S'il avait dit qu'il voulait juste me caresser, c'est qu'il allait juste me caresser. Sa main glissa encore plus bas et je me tortillai légèrement pour lui laisser un peu plus de place. Le bout de ses doigts glissa entre mes cuisses, et encore plus de chaleur et de moiteur s'en dégagèrent. Des milliers de décharges électriques me parcouraient le corps; j'avais l'impression que ma peau était devenue un champ magnétique. Un de ses doigts se promenait le long de ma fente et plus il bougeait, plus je devenais mouillée. C'était tellement bon! Nico me regarda encore plus fixement, m'embrassa, et je sentis son doigt entrer dans mon corps, là où rien d'autre n'était encore allé qu'un tampon... mais c'était complètement différent! Son doigt glissait de haut en bas. C'était un peu douloureux, mais si bon en même temps. Je baissai mon pantalon pour lui faciliter la tâche. Une petite pensée pour mes parents qui pouvaient arriver d'une minute à l'autre disparut aussi vite qu'elle était apparue. Nico se frottait de plus en plus vite contre ma hanche maintenant nue. Il était dur et si chaud... Son doigt s'agita presque douloureusement en moi et, en un soubresaut, il éjacula une deuxième fois.

Wow! C'était donc ça, les caresses formidables dont tout le monde parlait? Re-wow! J'étais sous le choc. Mais j'étais aussi un peu déçue, car j'aurais voulu qu'il continue. Je ne savais pas trop pourquoi, mais il me semblait que j'avais été très près de ressentir quelque chose d'encore plus formidable. J'étais essoufflée, mon cœur allait éclater, je ne savais plus où j'étais, qui j'étais, mais je savais que j'étais bien. Avec lui. Pour toujours.

Oui, c'était bien ce que je croyais à ce moment-là, comme le font tous les amoureux.

Chapitre 7

Une Halloween mémorable

L'été s'écoula trop vite. Nous avons passé des journées extraordinaires au chalet même si les disputes de mes parents étaient nettement plus fréquentes et avaient gagné en intensité.

Vint la fin août; la saison de hockey recommencerait bientôt, l'école aussi, et Nico entamerait sa dernière année de secondaire. Il aurait bientôt son permis de conduire permanent et, avec un peu de chance, sa propre voiture, ce qui simplifierait les choses l'hiver venu. Il avait décidé de conserver son emploi au dépanneur. Je ne trouvais pas que c'était une bonne idée, me demandant bien quand nous allions pouvoir nous voir! Avec le hockey, le ski, l'école... Mais Nico prétendait que, justement, s'il avait son auto, il pourrait venir me voir au chalet plus souvent ou me chercher pour les parties de hockey. Je dus avouer qu'il avait raison.

J'avais rempli quatre albums de photos au cours de l'été. Nico en planche à roulettes ou à la plage; dans son lit, lorsque j'allais chez lui le samedi matin pour le réveiller; des fleurs, des arbres, des paysages; des enfants au parc; les épaules de Nico en gros plan, ses fesses, ses yeux. J'étais plus amoureuse que jamais. Je prenais déjà la pilule depuis quelques semaines et me préparais tout doucement à l'idée de faire l'amour avec lui.

* * *

Il était déjà question d'Halloween et Nico avait été invité, par des gars de son école, au party du *band* de Sébastien. Encore eux. Cette fois-ci, je ne savais pas trop comment je pourrais éviter d'y aller. Il en avait vraiment envie. C'était, après tout, des gars et des filles qu'il voyait chaque jour et, même s'il n'était pas dans l'entourage du *band*, il aimait leur musique et était certain que ce serait une fête mémorable. Elle avait lieu chez un gars nommé Yannick que Nico connaissait un peu. Je l'avais déjà vu au dépanneur où travaillait Nico et trouvais qu'il avait l'air louche. Peut-être était-ce seulement parce qu'il avait au moins vingt ans et qu'il fournissait le *band* en bière et probablement en autres choses aussi. Quelque chose à son sujet me rendait mal à l'aise, mais je n'aurais pas su dire quoi. Cependant, comme j'avais déjà empêché Nico d'aller au party de la Saint-Jean-Baptiste, je me dis que je pouvais bien accepter cette fois-ci. Les filles de mon ancienne école ne me faisaient plus peur, je n'avais donc qu'à ne pas me préoccuper d'elles. Il y aurait tellement de monde. Nico finit par me convaincre en me disant que ce serait une belle occasion pour fêter autre chose...

La première semaine de novembre, cela allait faire en effet dix mois que nous sortions ensemble. Nous prenions plaisir à fêter chaque mois, mais il était vrai que dix, ça méritait quelque chose de spécial! Il ne restait que deux tout petits mois avant l'anniversaire ultime. Je dis à Nico que j'étais d'accord pour y aller.

— *Yesss!* Le *band* va jouer. Y paraît que leur nouvelle chanteuse est vraiment très, très bonne. Elle vient à mon école, s'appelle Sarah-Jeanne et est nouvelle de cette année. Je la connais pas vraiment — elle est en secondaire quatre, comme toi —, mais je pense que tu connais son amie, Mélo?

— Ah, oui! bien sûr que je la connais! Ma mère est une amie de sa mère. On se tenait un peu ensemble au primaire. Encore une nouvelle chanteuse? Ils venaient pas juste de changer, l'été passé?

— Ouais, c'est vrai. J'sais pas trop. Ils disent que l'autre a capoté comme ça, pour rien, que tout d'un coup elle avait pus envie de chanter. Tu devrais la voir, c'est vrai qu'elle est vraiment *weird* depuis que l'école a recommencé!

— Bin, elle avait peut-être juste pus envie de chanter avec eux... C'est des choses qui arrivent, non?

— Je sais pas. En tout cas, il paraît que la nouvelle chanteuse est très bonne et qu'ils jouent des vraiment bonnes tounes.

— Pis Sébastien, tu le connais?

— Pas tellement. Il est plus vieux que moi; on était

pas dans les mêmes cours. J'sais qu'il est bon guitariste et que les filles le trouvent beau, mais moi j'trouve qu'il se prend pas mal pour un autre !

— Ouain, c'est ce que je pensais. C'est vrai qu'il est beau, mais...

— Mais ?

— Mais c'est pas mon genre, pis d'après ce que j'ai pu voir, je suis pas son genre non plus ! Je l'ai vu au mont, l'hiver passé. Il était avec trois filles genre... pas mal pitounes !

— Ça devait être Alissia, Annie-Jade et Alex. Sont pas reposantes !

— Ah, oui ? Je connaissais une Annie-Jade dans le temps du primaire. C'est peut-être elle ? Je l'ai pas vue depuis des années. Elle est rendue de même ?

J'essayais de ne pas avoir l'air agacée, mais ce genre de filles là, j'en connaissais quelques-unes et j'aurais préféré qu'elles n'existent pas. Je ne me souvenais que vaguement d'Annie-Jade et réalisai que c'était sans doute elle que j'avais vue en ski l'hiver précédent. Elle avait toujours eu l'air plus vieille que les autres filles de son âge; en cinquième année du primaire, elle avait déjà la poitrine très développée et sortait avec des gars du secondaire. Ceux-ci ne respectent pas ce genre de filles, mais, en même temps, comme l'aurait dit ma mère : « Un gars, c't'un gars ! »

Nico me rassura :

— Bin, tu vois, moi non plus, c'est pas mon genre,

comme toi pour Sébas. Elles changent de gars comme elles changent de petites culottes.

— T'es trouves pas belles ?

— Oui, sont belles, sexy aussi, mais l'idée d'être le centième gars à leur passer dessus me fait vraiment pas triper ! Et puis, j'ai quand même comme blonde la plus belle fille de la ville. Qu'est-ce que je pourrais vouloir de plus ?

Comme j'aimais ça quand il me disait ce genre de choses ! Étrangement, j'eus une petite pensée pour Vincent. Ce genre de conversation aurait été impossible avec lui. S'il avait fallu que je dise que je trouvais un gars beau, ah ! il aurait tout de suite pensé que je ne l'aimais plus et que je voulais sortir avec l'autre. Comme j'étais bien avec mon Nico !

* * *

Quand nous sommes arrivés au party d'Halloween avec Antoine et Roxanne, il y avait déjà beaucoup de monde. Nico était déguisé en joueur de football; pas très original, mais il n'était pas très fort sur les déguisements. Et comme ça lui faisait des épaules de dieu et des fesses adorables, ça ne me posait aucun problème. Moi, j'étais en petite fée avec une jolie robe verte assez courte et des ailes dans mon dos. Je voulais être jolie pour mon chum.

La maison de Yannick, où avait lieu le party, était très grande, et le sous-sol, où le groupe avait installé une scène, était immense. Plusieurs dizaines de jeunes s'y entassaient déjà et dansaient au son de la musique trop forte. C'était décoré partout, tant à l'extérieur qu'à l'intérieur, et l'ambiance était fantastique. J'étais contente de voir Mélo. Elle me prit même dans ses bras et me dit :

— T'as l'air heureuse, Ély. T'sais, les commères à l'école, je les ai jamais écoutées !

C'était de bon augure. J'étais bien décidée à m'amuser. Comme Nico connaissait beaucoup plus de monde que moi, il m'a présentée à une foule de ses amis dont ne faisaient heureusement pas partie les trois filles dont nous avions parlé l'autre jour.

Celles-là, il les ignorait complètement, ce qui devait être assez difficile. Parmi elles, je reconnus plus clairement la fameuse Annie-Jade de mon ancienne école. Elles étaient quatre filles ensemble ce soir-là, déguisées en bonniches presque identiques. Cependant, ces bonniches-là ne portaient pas de chignon serré, de bas blancs aux genoux ni de blouse attachée jusqu'au cou, oh non ! Elles étaient grimpées sur des talons impossibles, portant des bas en filet, des minijupes ultracourtes et des bustiers laissant déborder leurs décolletés. Elles étaient maquillées comme... des prostituées, justement, et je trouvais qu'elles avaient bien plus l'air de danseuses nues que de bonnes. Mais bon, voilà que je faisais ma mauvaise langue, sans pourtant les connaître.

Nico m'enlaçait tendrement et je vis plusieurs filles de l'entourage de Justine. Je ne savais pas quelle attitude elles auraient envers moi et j'espérais qu'elles ne feraient pas d'histoires. Moi, je voulais juste m'amuser. Mon bonheur était total et je ne laisserais pas des histoires vieilles de presque un an le ternir. Plus tard, Vincent est arrivé avec Naomie, mais ils sont allés rejoindre des amis à l'autre bout de la pièce et c'était bien comme ça. Alors que nous nous approchions de Roxanne et d'Antoine, Nico me présenta les membres du groupe, agglutinés près de la console de son. Je reconnus Sébastien malgré son costume de diable assez réussi. Sans savoir pourquoi, je trouvai que c'était le costume parfait pour lui; il avait un air à la fois incroyablement attirant et très inquiétant. Son regard sur moi me parut étrange, mais ça ne devait être qu'une illusion causée par son maquillage, noir autour des yeux, les traces de sang sur son corps et son visage, et ces deux petites cornes sur la tête. De quoi donner des frissons à n'importe qui!

Les frissons que j'eus en voyant Yannick de plus près étaient d'une nature bien différente. Il était déguisé en Hell's Angel, et c'était assez convaincant pour que je me demande s'il n'en était pas réellement un. Il était immense, avait l'air mauvais, et je décidai qu'il valait mieux me tenir éloignée de lui. Frédérick, le batteur, était tout le contraire. Très séduisant, il portait un habit de gangster et avait un magnifique sourire; il avait l'air vraiment sympathique. Le dernier gars, Jérôme, était déguisé en vampire; je ne pus me faire d'opinion de lui, car, me saluant à peine, il partit préparer ses instruments sur la scène. Puis, une fille que je n'avais jamais vue arriva près de Sébastien. Elle était très jolie, portait un costume de chat et regardait Sébastien avec des étoiles dans les yeux. J'entendis ce dernier lui dire:

— T'étais où, Saja, tu me manquais déjà!

Nico m'apprit que c'était la nouvelle chanteuse. Je n'avais pas compris qu'elle était aussi la blonde de Sébas et j'étais étonnée. Elle était belle mais pas du tout greluche comme les autres filles, alors que je croyais que c'était plutôt ce genre que Sébas appréciait. Il m'apparut tout à coup plus sympathique; il regardait la chanteuse avec du désir, avait l'air amoureux. Et elle le lui rendait bien. Je réalisai que c'était de cette façon-là que Nico me regardait, moi, et je me sentis bien. Je me collai contre lui et il m'embrassa, me serrant dans ses bras.

Quelques minutes plus tard, un spot s'alluma sur la scène. Le batteur entama la première pièce et je me mis à observer la chanteuse. Sarah-Jeanne avait l'air un peu nerveuse, mais dès qu'elle chanta sa première note, je fus étonnée. Elle avait une très belle voix, juste, claire, forte, et j'en avais des frissons. Elle semblait prendre de l'assurance à chaque mot qui sortait de sa bouche et, à la fin de la première pièce, elle était en feu. En fait, le groupe au complet était très bon et je pus constater que la réputation de Sébastien n'était pas exagérée. Chaque chanson qu'ils jouaient sonnait exactement comme sur le disque original du groupe en question.

Ils ont joué sept pièces, et la dernière était leur meilleure. Sarah-Jeanne avait tellement bien chanté que j'ai vu la surprise sur le visage de tout le monde dans la salle, surtout dans un passage particulièrement difficile. La foule était survoltée, les applaudissements, enthousiastes. Sur la scène, Sébastien s'est approché de Sarah-Jeanne et l'a embrassée devant tout le monde, longtemps. Je voyais des filles pâmées qui avaient l'air de se dire qu'elles auraient bien aimé être à la place de la chanteuse, mais je ne me doutais pas encore que cette place, justement, ne serait pas enviable très longtemps...

Après le spectacle, j'ai dansé avec Roxanne et d'autres filles dont Sarah-Jeanne, la chanteuse. Elle était dans sa bulle, comme une fille qui vit un rêve et qui n'a pas envie de se réveiller. Moi aussi, je vivais un rêve. Chaque fois que mes yeux se posaient sur Nico, il me regardait aussi et je sentais son désir, au moins aussi fort que le mien. J'en frissonnais.

Nico nous apporta de petits verres de *shooters* et j'en bus un, puis un autre qui, ajoutés aux deux bières que j'avais déjà bues, me fit l'effet d'une bombe. Nico m'embrassait tout le temps, me caressait, glissait sa main sous ma robe à chaque occasion. Il était en train de me mettre dans un drôle d'état. Je me surpris même à me dire que peut-être, ce soir... serait le grand soir ?

Je regardais autour de moi et je dansais, me laissant envelopper par la musique. Je tentais d'enregistrer dans ma tête les scènes que je voyais, certaines habituelles, d'autres moins comme les bonniches avec le bassiste, Yannick, qui les caressait l'une après l'autre, leurs costumes de plus en plus débraillés. Ouf ! Et dire que Nico les côtoyait chaque jour...

Plus tard, après avoir dansé encore, je me rendis à la salle de bains, mais elle était occupée. J'attendis un peu et une autre bonniche ouvrit finalement la porte sur un gars qui rajustait son pantalon. J'eus alors l'impression que tout le monde couchait avec tout le monde et eus plus que jamais envie de me retrouver seule avec Nico. Je retournai dans la salle, pris un autre *shooter* et m'approchai de lui par l'arrière. Je lui caressai le ventre et les cuisses, et il se retourna et m'embrassa avec passion, pressant son corps contre le mien pour bien me montrer l'état dans lequel il se trouvait, qui était somme toute assez semblable au mien. Nous nous sommes regardés, et, dans mes yeux, je fis passer tout l'amour que je ressentais pour lui. Ses yeux bleus me retournèrent le même sentiment, et je sentis mon cœur prêt à exploser. Je pris une profonde inspiration et fermai les yeux un moment, tentant de calmer les battements fous qui m'emplissaient la poitrine. Puis, je lui pris la main et l'entraînai vers une des pièces que j'avais repérées plus tôt. Je refermai la porte et m'approchai de lui. Il retira les épaulettes de son costume afin de me serrer plus près de lui et je détachai ma robe. Tout ce qui se passait à l'extérieur de cette pièce m'excitait, je me sentais fébrile et avais tellement envie de me fondre en lui que j'en avais mal. J'avais dansé, j'avais chaud, mais je voulais avoir encore beaucoup, beaucoup plus chaud.

La pièce où nous nous trouvions ne contenait pas de meubles, que des boîtes empilées le long du mur. Je m'étendis par terre et attirai Nico à moi. Il enleva d'autres vêtements, ne conservant que son pantalon moulant que j'adorais, et m'embrassa en écartant le devant de ma robe pour poser ses mains chaudes sur mes seins. Il savait que j'adorais ça, que j'en frissonnais de partout. Je caressais ses fesses, appuyant son entrejambe contre ma cuisse. C'était bon, mais j'en voulais plus. En me tortillant, je réussis à enlever ma culotte et à descendre son pantalon pour sentir Nico tout dur contre mon ventre. Il se frotta un moment contre moi, puis sa main lâcha mes seins et descendit plus bas, toujours plus bas. Je tremblais tellement c'était bon d'être là, avec lui; je tremblais parce que quand ses doigts me touchaient, j'avais l'impression de fondre.

— Nico, j'ai envie que...

Il s'arrêta et approcha son visage du mien. Il faisait

sombre dans cette pièce, mais je voyais tout de même ses yeux briller.

— J'ai apporté ce qu'y faut...

Nico sortit un condom de la poche de son pantalon. J'étais tellement soulagée qu'il y ait pensé ! Je ne sais pas ce que j'aurais fait s'il n'en avait pas apporté et me trouvai idiote de ne pas y avoir pensé avant. Il déchira l'enveloppe et échappa le condom. Il rit nerveusement, le ramassa et le plaça sur son pénis.

Puis, il se recoucha tout contre moi et sa main reprit ses caresses entre mes jambes. Il essayait de me détendre, car j'étais crispée, bien malgré moi. Pas parce que je ne voulais pas, loin de là ! J'avais seulement peur d'avoir mal. Ses caresses étaient les bienvenues, d'autant plus que je me sentais de plus en plus humide et excitée. Il me chuchotait des mots d'amour en abondance, voulant s'assurer que j'étais bien et que je ne changeais pas d'idée. Je lui répétai que c'était exactement ce que je voulais, que j'en rêvais depuis un moment, que je trouvais l'occasion idéale. Il m'embrassa avec tellement d'amour que j'en frissonnai. Il s'étendit sur moi et son pénis glissa entre mes cuisses. Je le sentais là, tout près, qui tentait timidement de se frayer un chemin. Plus il se frottait contre l'entrée de mon corps, plus j'étais excitée et nerveuse à la fois, mais j'essayais de ne rien laisser paraître, car je savais que Nico l'était tout autant que moi. Il appuya le bout de son pénis contre moi et poussa. J'ouvris les cuisses plus grand pour l'aider, mais j'étais tellement crispée que rien ne se produisit. Nico poussa un peu plus fort, mais il avait peur de me faire mal. Il glissa donc un doigt en moi en m'embrassant avec tant d'amour et de passion que je me sentis plus calme. Il bougea son doigt et une très agréable chaleur envahit mon ventre. Comme c'était bon ! Puis, tout doucement, il faufila de nouveau son pénis entre mes cuisses et là je sentis une forte pression. Ça faisait mal; c'était bien trop gros pour moi ! Mais je voulais tant savoir… Alors, je pris une profonde inspiration et Nico donna une assez grosse poussée et… moi, je poussai un petit cri. Ça faisait mal. Très mal. C'était une douleur étrange, pas intolérable mais brûlante tout de même. Nico resta là sans bouger, comme s'il voulait me laisser le temps d'apprivoiser la douleur. Il caressa mes cheveux et m'embrassa avec une fougue que je ne lui avais jamais connue. Puis je sentis son bassin bouger, lentement d'abord, puis plus vite, de plus en plus vite.

Tout à coup, il s'arrêta complètement, à bout de souffle, et s'immobilisa. Il me dit qu'il voulait prendre son temps, mais ça s'avéra impossible. Il se remit à bouger, doucement d'abord, puis plus rapidement. Je n'avais presque plus mal. Je n'avais que très, très chaud. Nico faisait un effort surhumain pour ralentir, mais il en fut incapable. Ses bras se mirent à trembler, son corps entier, à se secouer alors qu'il poussait un bruyant soupir.

Il se retira de mon corps presque immédiatement et se coucha contre moi, me prenant doucement dans ses bras. Je me sentais à des kilomètres de la fête qui avait pourtant lieu à quelques pas de nous. J'étais loin, loin de tout sauf de Nico, bien sûr. Il était d'ailleurs tout ce que je voulais dans mon univers. Il était recouvert de sueur, son cœur battait à une vitesse inquiétante, il respirait trop vite... mais tout ça, je le ressentais aussi. Je me sentais électrique, trop de courant me traversait le corps. J'étais aussi vaguement frustrée que ce soit déjà terminé qu'heureuse, épuisée, légère, étourdie, fébrile, insatisfaite, excitée, survoltée, extralucide... Je n'arrivais pas à croire que nous venions de faire l'amour. Ça avait été indescriptible niveau intensité ! Ma plus grande déception était la vitesse à laquelle ça s'était terminé; mais en même temps, je trouvais flatteur que Nico n'ait pu se retenir plus longtemps tant il était excité. J'avais l'impression que ce que nous venions de vivre nous unissait encore plus à tous les niveaux. C'était après tout l'expérience la plus intime qui soit, non ? Le seul gars avec qui je pouvais jamais imaginer faire l'amour pour le reste de mes jours était Nico. Je ne pouvais pas croire que certaines personnes arrivaient à faire ça sans être totalement, complètement amoureux. C'était tellement *profond*; ça n'avait pas touché que l'intérieur de mon corps, mais aussi l'intérieur de mon cœur, de ma raison.

Nous sommes restés blottis l'un contre l'autre sur le tapis rugueux un bon moment, sans dire un mot. Nous n'avions pas besoin de dire quoi que ce soit. Les mots étaient inutiles et n'auraient pas pu, de toute manière, décrire comment nous nous sentions. J'avais envie de m'endormir dans ses bras, de passer la nuit ici, sans bouger, pour que ce moment dure toute l'éternité. Au bout d'un moment, Nico dit enfin :

— Je t'ai fait mal...

— Un tout petit peu, au début, mais c'est pas grave !

— Bin oui, c'est grave !

Il me serra encore plus fort contre lui et je ressentis le besoin de le rassurer :

— Les prochaines fois, ça fera plus aussi mal, je suis sure !

Je l'espérais, du moins... Pour l'instant, je voulais me concentrer sur ce que j'avais ressenti au-delà de la douleur. Comme une communion, comme si nos deux corps ne faisaient qu'un. L'impression d'être dans sa tête, aussi. J'espérais que les prochaines fois dureraient plus longtemps, que je ressentirais autant de plaisir que lui. Mais pour l'instant, je savourais chaque battement de son cœur comme si c'était moi qui le provoquais. Il me semblait que nous étions dans un autre univers, sur une autre planète. La planète Ély-Nico. La plus belle, la plus douce, la plus merveilleuse des planètes. Pourquoi ne pouvions-nous pas simplement disparaître de la surface de la Terre ?

Nous entendions la musique et d'autres bruits provenant de la fête. Tout ça nous semblait tellement lointain ! Nous n'avions évidemment pas du tout envie de retourner dans ce brouhaha et avons décidé d'aller rejoindre Antoine et Roxanne et les convaincre de partir. Nous nous sommes rhabillés lentement. J'avais peur qu'une sorte de gêne s'installe entre nous, mais Nico était encore plus affectueux et gentil qu'à l'habitude. Juste avant de sortir de la pièce, il me prit dans ses bras et me serra tellement fort qu'il m'en coupa le souffle. Puis, il poussa à son tour un grand soupir, déçu de devoir quitter ce refuge si calme et merveilleux.

Comme pour intensifier le contraste, dès que je mis le pied hors de la pièce, je me fis presque renverser par une fille. C'était la chanteuse, Sarah-Jeanne. Elle courait presque, son visage inondé de larmes. Elle tentait d'enfiler sa veste en marchant, sans grand succès, et se dirigeait vers la sortie.

Je suivis Nico vers la pièce principale et je crus voir, dans l'entrebâillement d'une porte de chambre qui se refermait, une des bonniches, presque nue, riant comme une idiote, ainsi qu'au moins deux ou trois autres personnes. Plusieurs corps nus dans un grand lit. Je n'en revenais pas que ce genre d'orgie se passe ici, comme si c'était une chose ordinaire, mais d'après ce que m'avait raconté Nico, c'était fréquent avec les bonniches. J'avais du mal à comprendre. Je venais de faire l'amour avec Nico pour la première fois, et, même si ça s'était passé un peu vite et que je sentais que ça aurait pu être encore meilleur, ça avait été merveilleux. Comment ces filles arrivaient-elles à faire de telles choses avec n'importe qui ? De toute évidence, le partenaire n'avait pas grande importance à leurs yeux; ils ne faisaient que pratiquer une « activité » comme une autre. Était-ce normal ? Je croyais profondément que non, et la façon dont je me sentais actuellement, les jambes molles et le cœur débordant d'amour, me confirma que j'avais raison, du moins en ce qui me concernait. Ce que je venais de vivre avec Nico était complètement différent. Il y avait peut-être plusieurs façons de vivre la même chose, mais celle que j'avais choisie était la bonne pour moi.

C'est en sortant de la maison que je compris qu'il y avait peut-être un lien entre ce qui se passait dans la chambre trop occupée et la fuite de Sarah-Jeanne. Lorsque nous sommes arrivés dehors, Sarah-Jeanne était là avec Frédérick, le batteur du groupe. Elle pleurait et criait, avait l'air enragée, et nous nous sommes éloignés rapidement. Je n'ai entendu que quelques bribes de leur conversation mouvementée :

— Eh bien, vas-y ! Raconte tout à tout le monde. Ça peut pas être pire de toute manière !

Et Frédérick d'ajouter, visiblement mal à l'aise :

— Je voulais juste voir comment t'allais...

Je ne me sentais pas à ma place et me disais que

dans la situation de Sarah-Jeanne, je ne voudrais pas non plus que des inconnus écoutent ce qui, de toute évidence, lui faisait aussi mal. Nous sommes donc montés dans la voiture d'Antoine et nous nous sommes dirigés vers une pizzéria encore ouverte à cette heure tardive et pas très loin de là.

Est-ce que j'aurais pu aider Sarah-Jeanne ce soir-là ? Peut-être que oui, peut-être que non. Et peut-être que tout ce qui est arrivé depuis aurait été différent si nous avions décidé d'intervenir, ne serait-ce que pour lui offrir de la raccompagner chez elle. Mais si nous avions fait ça, elle n'aurait pas rencontré Julianne, et encore bien d'autres choses auraient changé. C'est fou comment une toute petite décision peut transformer la vie de plusieurs personnes...

Chapitre 8

Ma bulle de bonheur

À partir de ce soir-là, je me sentis encore plus différente. J'avais l'impression que mon lien avec Nico était tellement fort que rien ne pourrait jamais nous arriver. D'ailleurs, nous avions toujours envie de faire l'amour, et c'était un peu frustrant, car les occasions étaient rares. L'hiver qui approchait apportait son lot de contraintes et il nous fallait naviguer entre les entraînements de hockey, les travaux scolaires et tout le reste. C'était d'autant plus pénible que ce que j'avais espéré se produisait : chaque fois que nous faisions l'amour, c'était de mieux en mieux. Nous apprenions à nous connaître, à savoir quelles caresses nous préférions, nous faisaient gémir ou nous rendaient fous.

La douleur des premiers épisodes avait fait place à un plaisir que j'anticipais toujours, que je voulais ressentir à tout moment au point où nous devenions de plus en plus audacieux. Il nous est arrivé de faire l'amour chez lui juste avant que sa mère arrive du travail, ou chez moi, dans ma chambre, quand mes parents regardaient la télévision au sous-sol... Nous étions devenus comme insatiables. Je pensais toujours à Nico, et il affirmait qu'il pensait aussi toujours à moi, à mes cheveux, à ma peau, qu'il voulait sans cesse me toucher, me caresser. Et moi, c'était cent fois, mille fois pire. Je le voyais dans ma soupe. En revenant de l'école, je courais me changer pour être prête au cas où il viendrait chez moi. Je me dépêchais de me débarrasser de mes devoirs et leçons pour pouvoir passer la soirée avec lui quand il était libre.

Nico était déjà très pris avec le hockey et il était content de son équipe. Son talent attirait le respect et le niveau de jeu le stimulait. Il disait qu'enfin, c'était du vrai hockey, et à cette étape-là, pas du *niaisage* ! Il avait continué à s'améliorer et se démarquait de façon évidente. Je l'encourageais du mieux que je pouvais, mais j'étais un peu déçue qu'il ait deux tournois à l'extérieur de la ville pendant la saison. Avec mes cours de ski, il serait difficile de l'accompagner. Et mes parents qui ne se parlaient presque plus autrement que pour se crier après... J'essayais d'être positive, mais j'aimais tellement Nico que j'en avais mal parfois, et ça me faisait un peu peur. Je soupirai bruyamment. J'avais hâte que les vacances de Noël arrivent.

Nico avait commencé à me parler de mon anniversaire depuis un bon moment. J'allais avoir seize ans, c'était important ! J'étais contente qu'il y pense; ça me faisait réellement plaisir et ça mettait un peu de soleil dans cet automne qui n'en finissait plus. Il prenait son petit air mystérieux, comme s'il me réservait une surprise de taille. Je n'avais pas la moindre idée de ce qu'il avait en tête, mais je ne voulais rien gâcher en essayant de le deviner. J'étais excitée comme une toute petite fille. Ce dont j'avais vraiment envie, c'était d'être seule avec lui et peut-être de pouvoir enfin m'endormir dans ses bras. Mais comment faire ?

* * *

Enfin les vacances arrivèrent. Je passai les premiers jours à dormir. Je n'avais pas réalisé à quel point j'étais fatiguée ! Nous recevions de la visite à la maison le jour de Noël, et ma mère était dans tous ses états. Elle frottait, lavait, nettoyait la maison entière avec une ardeur incroyable. Il avait été convenu que ma grand-mère s'installerait dans ma chambre. Ça ne me posait aucun problème, mais ça me faisait drôle de penser qu'elle dormirait dans mon lit, ce lit qui, récemment, avait vu de ces choses ! Ce n'était que pour une nuit, car nous partions pour le chalet dès notre réveil. Nico, quant à lui, se rendait chez sa parenté la veille de Noël et ne revenait que tard le lendemain. Je pourrais le voir le soir de Noël, mais pas très longtemps. Cependant, il viendrait au chalet le jour d'après et y resterait deux nuits.

Quand j'étais plus jeune, j'en voulais à ma mère d'avoir choisi de me faire naître à pareille date. Je trouvais nul que ma fête soit presque en même temps que Noël. C'était comme si, deux jours après cette fête grandiose, mon petit anniversaire à moi n'avait presque plus d'importance. Et il me fallait attendre tous ces longs mois avant les prochains cadeaux ! Mes parents m'en faisaient toujours de très gros, probablement pour cette raison, justement : pour compenser, en quelque sorte. À la veille de mes seize ans, ça ne m'importait plus. Ma fête voulait dire bien plus que des cadeaux, et celle-ci, je le sentais, serait spéciale. En plus, les festivités se prolongeraient encore davantage, cette année, puisque dès le retour des vacances, Nico et moi fêterions notre première année passée ensemble. Ça commencerait de manière extraordinaire une nouvelle année encore plus merveilleuse que celle qui se terminait, j'en avais la certitude absolue.

Nous sommes allés à la messe de minuit le 24 décembre, et le paysage avait l'air d'un conte de fées. Il neigeait; c'était une soirée magnifique comme celle où Nico m'avait embrassée pour la première fois. Normalement, je trouve la messe de minuit interminable, mais cette fois-là, je me surpris à avoir la larme à l'œil tout au long de la cérémonie. Je sentais que j'étais privilégiée, que j'aimais quelqu'un qui le méritait amplement et qui me le rendait tout autant. J'avais une vie agréable, facile, choyée. Toute la période précédant Noël, où on incite au partage avec les plus démunis, m'avait fait sentir à quel point j'étais chanceuse, et ce soir-là, je le vivais et l'appréciais d'une façon particulière. Même si j'aurais souhaité que mes parents règlent une fois pour toutes les problèmes qu'ils semblaient vivre, je me disais que ce devait être ça, être heureuse. Quand nous avons déballé nos cadeaux, de retour à la maison, je fus émue en découvrant l'appareil-photo que j'avais tant espéré pouvoir me payer à la fin de l'hiver. C'était un cadeau énorme, même pour Noël et mon anniversaire réunis!

Nous avons passé un très beau Noël. Mes tantes et mes oncles arrivèrent dans l'après-midi, et ma mère, même énervée, réussit à ne pas être trop exaspérante. Elle était tellement excitée par la visite qu'elle en oubliait de nous harceler, mon père et moi. Nico arriva vers huit heures et, après les présentations d'usage, nous avons enfin pu nous retrouver seuls, au sous-sol. Ce n'était pas l'intimité la plus profonde, mais c'était Noël et il était là. J'avais terriblement hâte de lui offrir le cadeau que je lui avais acheté.

Je me suis précipitée vers le sapin et lui ai tendu un petit paquet. J'avais décidé de lui offrir un porte-clés, mais pas n'importe lequel. Il était en forme de petit cadre, en argent. J'y avais fait graver son nom et avais inséré une très jolie photo de nous deux, prise à l'automne. En le voyant, Nico est demeuré sans voix. Puis, un très grand sourire a illuminé son beau visage et il m'a tendu, à son tour, un paquet. À l'intérieur reposait un magnifique bracelet orné de superbes pierres turquoise, ma couleur préférée entre toutes, et aussi ma pierre de naissance. Une fois de plus, les larmes me montèrent aux yeux et j'embrassai Nico avec tout l'amour que je ressentais pour lui. J'avais la gorge serrée, comme si tout ce bonheur m'étouffait, comme si j'allais éclater. Mais pendant que mes lèvres embrassaient les siennes, j'entrevis, dans un coin de ma tête, un nuage se profiler. Un tout petit nuage de rien du tout, mais trop foncé à mon goût. Qu'est-ce qu'il signifiait? Que je devrais peut-être profiter de chaque instant de ce bonheur magique parce qu'il était impossible qu'il dure pour toujours? Non. Je refusais de penser ainsi. Rien ne pouvait aller de travers, je le sentais au plus profond de moi. Je chassai donc ce nuage par un autre baiser à l'amour de ma vie, et nous avons continué de flotter sur notre bonheur. Du moins, pour un temps.

* * *

Les deux jours passés au chalet avec Nico ont été fantastiques. J'avais été tellement fière de présenter mon amoureux à tous mes amis et collègues de l'école de ski! Il disait que j'étais belle avec le manteau de l'école. Il avait l'air tellement fier, lui aussi! Nous nous sommes amusés comme des enfants. Nous avons fait du ski, de la planche à neige, avons patiné et joué dans la neige. En revenant au chalet, alors que nous marchions le long de la voie ferrée, Nico m'a entraînée vers un banc de neige. Il s'est assis et m'a attirée à lui avant de sortir une jolie petite boîte de la poche de son manteau. Je le regardai, surprise.

— C'est pas aujourd'hui, ma fête.

— J'sais, mais je suis plus capable d'attendre, et j'ai pas envie de te le donner demain devant tout le monde.

J'ouvris la boîte délicatement. Il faisait froid, et nos haleines faisaient de petits nuages de buée. Mais le mien s'interrompit, car j'avais cessé de respirer. Dans la boîte se trouvait un magnifique collier : une chaîne en or, ornée à tous les deux ou trois centimètres d'une pierre turquoise, assortie au bracelet que Nico m'avait offert à Noël. Et au centre pendait un cœur en or où je pus lire ces quelques mots, gravés dans le métal : « À Ély, je t'aime. Tout ne fait que commencer. Nico. »

Et là, je me mis à pleurer. De bonheur, évidemment. Je renversai Nico dans la neige en l'embrassant.

— On dirait que tu l'aimes...

— Si je l'aime ? Je vais le porter tous les jours, toute ma vie.

Dans ma tête, je me disais : « Et tu seras toujours là pour le voir... »

* * *

Le lendemain, dès que je sortis de la salle de bains après mon réveil, je vis Nico qui m'attendait avec mon déjeuner préféré : des gaufres nappées de chocolat. Ma mère y avait entassé seize chandelles et ils étaient là, tous les trois, me chantant la chanson de circonstance. Je trouvai ce réveil un peu brutal, mais lorsque je réalisai pleinement à quel point c'était un grand jour, je me mis à sourire, pris quelques secondes pour faire le vœu de voir le bonheur que je vivais durer toujours, et soufflai les chandelles.

Il faisait beau, et j'ai pu passer la journée entière à skier avec Nico, à part le temps de donner un cours. En rentrant au chalet, je vis que mes parents m'avaient réservé une surprise. Je n'en croyais pas mes yeux, car le cadeau qu'ils m'avaient fait à Noël avait été bien plus que ce que j'espérais, et voilà qu'ils en rajoutaient. Ma mère me tendit une grande boîte et en l'ouvrant, je vis la belle robe turquoise et noire que j'avais eu terriblement envie de m'acheter un jour que je magasinais avec elle à l'automne. Je l'avais laissée là à regret, car elle coûtait beaucoup trop cher et je ne voyais pas beaucoup d'occasions où j'aurais pu la porter. Mais ma mère me dit en me faisant un clin d'œil :

— Là, je pense que tu as l'occasion parfaite pour la porter, ma grande...

Mon père s'approcha et me dit :

— Dès que vous êtes prêts, j'irai vous reconduire. Nico et toi, ce soir, vous sortez en grande. Ta mère et moi, on vous offre un souper à l'Auberge des sapins.

— L'Auberge des sapins ! Vous êtes fous ! Ça coûte les yeux de la tête !

— C'est pas tous les jours que t'as seize ans…

J'étais bouche bée. Je n'en revenais tout simplement pas. J'étais un peu mal à l'aise, me demandant si je devais les inviter à venir avec nous. Je n'en avais pas du tout envie, loin de là... mais n'était-ce pas la chose à faire ? Je regardai Nico et il m'embrassa. Puis, il me chuchota discrètement à l'oreille :

— Tu penses pas que tes parents devraient venir avec nous ? Si tu veux, ça me dérange vraiment pas !

Hum. Oui, c'était la chose à faire, évidemment.

— Maman, papa, c'est vraiment gentil. Mais ça serait encore mieux si vous veniez avec nous...

Ma mère sembla étonnée, mon père touché. À mon grand soulagement, mon père s'empressa de répondre avant que ma mère intervienne :

— Une autre fois, cocotte. C'est bien gentil de ta part, mais on sait que vous avez pas souvent l'occasion de faire des sorties comme ça tous les deux, alors ça nous fait plaisir. Et puis, vous avez pas un anniversaire spécial qui s'en vient ? Profitez-en donc pour fêter ça en même temps !

Ma mère avait du mal à garder le silence, je le voyais bien. Elle n'était pas vraiment d'accord et mourait d'envie de se joindre à nous. C'était évident.

— Jean-François, ils nous invitent !

— Manon, on en a déjà parlé, non ?

Mon père faisait de gros efforts pour rester gentil, mais un petit malaise s'installa. Finalement, ma mère répondit, un sourire forcé aux lèvres :

— Bien sûr, qu'est-ce que je dis là ? Allez-y, Ély. C'est ta soirée, ce soir, et puis c'est tellement beau de vous voir, tous les deux ! Allez-y, profitez-en, mais revenez manger le dessert ici, OK ?

Fiou ! J'étais soulagée. Je me sentais mal de réagir de la sorte, mais la soirée n'aurait certainement pas été aussi agréable. Je partis me changer, et Nico en fit autant.

En arrivant à l'auberge, le maître d'hôtel nous emmena à une table située entre les grandes fenêtres et le foyer où flambaient d'énormes bûches. C'était tellement romantique ! Nous avons mangé toutes sortes de mets plus délicieux les uns que les autres. Je me sentais comme une adulte, les serveurs nous traitant comme tous les autres clients. En fait, jamais je ne m'étais sentie aussi à l'aise dans un tel restaurant. Parce que j'avais seize ans ? Parce que Nico était avec moi ? Peu importait. C'était une soirée magique. Puis, mon père est revenu nous chercher et nous sommes retournés au chalet où j'ai de nouveau soufflé des chandelles, sur un gâteau au chocolat, cette fois. Je sentais que mon ventre allait éclater et que je ne pourrais pas être plus heureuse.

Le père de Nico est venu le chercher très tôt dès le lendemain, car celui-ci avait un entraînement de hockey important. Le premier tournoi de l'équipe aurait lieu prochainement. Dur retour à la réalité ! C'était dommage, mais j'avais, moi aussi, des cours à donner et des sous à gagner. Et puis, Nico aurait son permis de conduire permanent très bientôt, donc nous pourrions commencer à planifier nos fins de semaine pour nous voir plus souvent. Que de bonnes choses en perspective!

* * *

Quelques jours avant le début des classes, les parents de Nico offrirent de m'emmener avec eux voir une partie de hockey. J'étais vraiment heureuse de pouvoir enfin y aller, d'autant plus que le premier tournoi de la saison aurait lieu dans deux semaines, et, comme je passais au même moment une évaluation importante pour l'école de ski, je ne pourrais pas y accompagner Nico. J'affichai mon plus beau sourire et le regardai jouer, le prenant en photo et lui envoyant tout mon amour. Ses parents connaissaient plusieurs autres parents de l'équipe, dont un couple accompagné d'une fille de mon âge. Je présumai qu'elle était la petite amie d'un joueur, elle aussi. Elle semblait gentille et était très belle. Une blonde — naturelle, c'était évident — qui n'avait absolument pas l'air *cheap*. Elle avait d'énormes yeux bleus, et je me disais que le gars qui sortait avec elle devait être fier qu'elle vienne le voir jouer. Mais en même temps, je ressentais un petit pincement. Jalousie? Non. Insécurité? Hum, c'était plus ça. Pourtant, Nico me démontrait qu'il m'aimait à chaque occasion, et notre «vrai» anniversaire approchait à grands pas. C'était quelque chose, non ?

Les parents de Nico me présentèrent les parents de Julien, un ailier de l'équipe, et sa sœur, Gabrielle. Sa sœur ? Ah ! J'aurais préféré, et de loin, qu'elle soit la petite amie de la vedette de l'équipe, qu'elle soit complètement inaccessible. J'aurais préféré la trouver laide, idiote, mais en fait, elle ne l'était pas du tout. Je lui fis un petit salut et lui demandai à quelle école elle allait. Nico la connaissait-il ? Non, sans doute pas, car elle allait dans une autre école, privée, assez éloignée d'où nous habitions. Elle m'apprit qu'elle assistait à presque toutes les parties de son frère; c'était comme ça depuis qu'elle était toute petite. Cette nouvelle ne m'enchanta pas du tout.

Je me trouvai idiote. Pour la première fois, je sentais une menace. Je n'avais jamais été jalouse, et Nico ne me donnait jamais de raisons de l'être. Alors, pourquoi me sentais-je tout à coup si inquiète ? Je réalisai que je ferais bien mieux de m'en faire une amie, ou au moins une alliée, plutôt qu'une ennemie. Ainsi, quand elle demanda à voir mes photos, je les lui montrai avec plaisir. Elle les trouvait très bonnes et me demanda d'en prendre de son frère. Je lui en montrai quelques-unes de Nico — je ne savais pas si c'était mon imagination ou non, mais elle sembla très intéressée. J'en pris plusieurs de Julien et lui dis que je les ferais imprimer et les donnerais à Nico.

La partie était à égalité depuis la fin de la deuxième période, et il ne restait que quelques minutes à la troisième lorsque Nico compta un but, qui pourrait être le but gagnant. Il était tellement fier ! Il fit un petit tour de patinoire et passa devant moi, m'envoyant la main. Il avait un grand, un énorme sourire, et le mien devait être tout aussi grand. Mais il se figea sur mes lèvres, car je le vis sourire aussi à Gabrielle. Une fraction de seconde seulement, mais ce sourire était trop sincère, trop naturel; il ressemblait beaucoup trop à celui qu'il venait de me faire pour me laisser indifférente. Je tentai de me raisonner. Après tout, il était normal qu'il la regarde : elle était assise à côté de moi, et il devait bien la connaître. Un gros pincement au cœur subsistait. Quand je n'étais pas là, lui faisait-il régulièrement ce genre de sourire ? S'approchait-il ainsi des gradins pour la saluer, elle ? Je fis un énorme effort pour ne pas laisser cette stupide appréhension gâcher mon plaisir et mon bonheur. Je n'allais tout de même pas commencer à agir avec Nico comme Vincent l'avait fait avec moi en m'imaginant des tas de problèmes qui n'existaient même pas !

La partie s'acheva sur le but vainqueur de Nico et sous les acclamations de la foule. Je partis attendre mon amoureux en espérant que nous pourrions aller quelque part ensemble après, juste nous deux. Il arriva peu de temps après, douché et sentant bon l'eau de toilette que je lui avais achetée. Il n'avait pas l'air pressé de partir. Je pris les devants :

— Tu dois avoir faim, non ? Veux-tu qu'on aille quelque part ?

— Oh, oui, bonne idée ! Y a plusieurs gars de l'équipe qui vont au St-Hubert. Ça te tente ?

Je tentai de cacher ma déception et essayai une autre stratégie. Je m'approchai de lui, frottai mon corps contre le sien et lui dis :

— Bin, j'avais pensé plutôt qu'on pourrait aller chez moi et faire livrer quelque chose. Mes parents sortent ce soir...

— Ah oui ? T'aurais dû le dire avant !

Et je trouvai mes craintes complètement ridicules.

Puis, Julien, le frère de Gabrielle, approcha :

— Salut, tu dois être Ély ? Moi, c'est Julien. Content de te rencontrer !

— Salut, moi aussi !

Wow ! Il était très beau et ressemblait à Gabrielle, en beaucoup plus masculin évidemment. Il était très grand, avait les cheveux blonds et les mêmes yeux bleus que sa sœur.

— Pis, tu viens ? Matt vient, Ben aussi avec sa blonde, Alex et ma sœur aussi.

— Non, merci ! La prochaine fois peut-être.

— Pas de problème, on se reprendra en masse au tournoi !

Nico m'embrassa et nous sommes partis avec ses parents. Dans la voiture, il déposa sa main sur ma cuisse et la pressa doucement, m'indiquant par ce geste qu'il avait bien hâte d'en faire davantage. Je braquai mes yeux sur le paysage qui défilait. Il m'était impossible de regarder Nico sans avoir envie de l'embrasser. Or, devant ses parents, je n'étais pas aussi à l'aise, et lui non plus.

Le trajet se fit rapidement et lorsque nous sommes enfin arrivés, j'ai tout de suite téléphoné au restaurant pour commander notre repas. Nous avions du temps devant nous. Je m'approchai de Nico et mis mes bras autour de son cou. Je me collai tout contre lui. Il m'enlaça et m'embrassa. Je tentai de l'attirer vers le divan, mais il dit :

— Attends, la bouffe s'en vient !

— Bin là, je viens de téléphoner ! Ils font pas des miracles !

— Je sais, mais j'ai pas envie de me dépêcher.

Ah ! c'était mieux. Il avait envie de prendre son temps et ne voulait pas que nous soyons interrompus. Parfait ! C'était exactement ce dont j'avais envie, moi aussi ! Le livreur arriva, et nous avons mangé en parlant de la partie. Puis, aussitôt notre dernière bouchée avalée, Nico me dit, avec un petit sourire coquin et un faux bâillement :

— Oh ! je suis fatigué. J'pense que je vais aller m'étendre dans ton lit...

Il me prit par la main et je le suivis à ma chambre. Là, il me renversa sur le lit, me déshabilla et retira ses vêtements à son tour. Il m'embrassa en se couchant sur moi et je le sentais encore plus passionné, beaucoup plus impatient que d'habitude.

— J'avais trop hâte de te voir, d'être avec toi...

Il me caressa quelques instants et, sans plus de préambule, il se glissa en moi. Je n'étais pas prête à ça, mais en même temps, j'aimais l'intensité de son désir. Il me pénétra quelques instants, puis se retira. Il me fit retourner sur le ventre, souleva mes fesses et entra en moi par derrière. Il me semblait plus gros ou, en tout cas, ça faisait un peu mal; mais comme il me caressait en même temps, c'était bon. Fantastique. Étrange tout de même, puisque ceci ne ressemblait pas au Nico tendre et doux que je connaissais. Il semblait vraiment excité, car il commença tout de suite à accélérer; il semblait avoir du mal à se retenir. Heureusement qu'il avait dit qu'il voulait prendre son temps ! Il s'activa de plus en plus vite, de plus en plus fort et, dans un coup ultime au plus profond de moi, il poussa un profond soupir avant de s'étendre sur mon corps.

Puis, il me reprit dans ses bras et me murmura beaucoup de petits mots doux à l'oreille. Je m'en délectai, chacun d'eux me donnant la chair de poule. Je ressentais plusieurs choses à la fois : un peu de déception, car c'était déjà fini et j'aurais voulu plus de tendresse, plus de caresses, et un peu de satisfaction parce que nous venions de vivre quelque chose de nouveau, de très intense, et ça avait été très bon. Mais il me semblait que Nico était différent, qu'il avait été trop pressé. Je ne savais pas trop quoi en penser. Il avait pourtant dit qu'il n'avait pas envie de se dépêcher ! Mais je laissai mon corps et ma tête flotter. Je ne voulais pas passer le reste de la soirée à me poser des questions inutiles. Je voulais de la tendresse ? C'était exactement ce qu'il me donnait là, maintenant.

* * *

Notre anniversaire tombait un mardi soir. Nous aurions aimé pouvoir fêter ça pendant la fin de semaine, mais Nico avait deux séances d'entraînement et une partie. C'était presque miraculeux qu'il soit libre ce soir-là ! La soirée ne s'est pas exactement déroulée de la façon que je l'espérais, c'est-à-dire pendant une soirée incroyablement romantique, rien que nous deux dans un beau restaurant ou quelque chose du genre.

— On a déjà fait ça à ta fête ! Tu te souviens pas ? Ton père avait même dit d'en profiter pour fêter ça en même temps !

— Oui, mais… es-tu en train de me dire que t'as pas le goût qu'on souligne ça ?

— Bin non, voyons, au contraire ! Je veux juste dire qu'on pourrait faire autre chose, descendre en ville avec Antoine et Roxanne, manger quelque part, aller au cinéma, peut-être ? Me semble que ça serait l'fun. Mais si ça te tente pas…

J'étais déçue, mais je ne dis rien. Si c'était ce qui lui

faisait plaisir, je pouvais bien m'en accommoder. Nous aurions d'autres occasions de tête-à-tête, non ? C'est donc ce que nous avons fait. Et ce n'est qu'à la fin de la soirée, après qu'Antoine nous a laissés chez Nico, que mon amoureux a mentionné notre anniversaire. Et ça non plus ne correspondait pas tout à fait à ce que j'avais espéré :

— Un an déjà, Ély. Tu te rends compte ?

— Oui, la plus belle année de ma vie.

Il faisait froid et nous marchions lentement vers chez moi. Nico me serra plus fort contre lui. J'attendais qu'il dise quelque chose, mais rien ne venait. Je m'arrêtai et le regardai.

— Pas pour toi ?

— Bin oui, voyons ! Qu'est-ce que tu penses ?

Il m'embrassa. Ses lèvres étaient froides mais douces. Oui, un an déjà. J'avais peine à le croire, mais en même temps, il me semblait que nous étions ensemble depuis toujours. Pourtant, à cet instant précis, je ne sentais pas que nous étions réellement ensemble. Nico semblait lointain, perdu dans ses pensées. Je lui demandai à quoi il pensait et il répondit simplement :

— À tout et à rien. Au tournoi, à toi…

Était-ce parce que j'étais particulièrement émotive ? Pressentais-je déjà un peu ce qui allait se passer entre nous ? Je n'en sais rien, mais un coup de cafard me submergea tout à coup. J'avais l'impression que quelque chose s'était glissé entre nous dernièrement. Quelque chose d'invisible, d'indéfinissable, mais de bien réel. Je n'étais pas triste — je n'avais aucune raison de l'être — ni inquiète. Mais j'étais nettement soucieuse, et c'est avec une espèce d'appréhension que je l'embrassai ce soir-là devant chez moi. « Un an déjà, Ély. Tu te rends compte ? »

Chapitre 9

Un autre petit nuage

La fin de semaine suivante, je ne pus me rendre voir Nico jouer. Mais il y avait une bonne nouvelle: Nico avait enfin son «vrai» permis! Il vint donc me rejoindre au chalet le samedi soir avec la voiture de sa mère et nous sommes allés patiner ensemble. Il partit tôt le lendemain. Il ne restait qu'une semaine — et plusieurs entraînements en soirée — avant le tournoi. Nous avions donc prévu passer la soirée du jeudi ensemble avant qu'il parte jusqu'au dimanche soir.

Il était déjà là quand je suis arrivée au restaurant où nous nous étions donné rendez-vous. Assis sur une banquette dans cet endroit trop bruyant, Nico avait l'air songeur, dans la lune. Je me glissai près de lui et l'embrassai. Il mit distraitement sa main autour de mes épaules en continuant d'examiner le menu. Je le regardai quelques instants avant d'intervenir:

— Grosse décision à prendre entre le cheeseburger et le club?

Aucune réponse. Deuxième essai:

— Tu devrais essayer la pieuvre, paraît qu'elle est bonne ici…

Aucune réaction. RIEN!

— NICO !

— Hein ? Quoi ? Excuse-moi, je pensais au tournoi.

— OK… Est-ce que tu penses qu'on pourrait profiter de notre soirée ? C'est demain que tu pars, tu vas avoir tout le temps pour y penser ! On se reverra probablement pas avant lundi ou mardi prochain. Me semblait qu'on passait la soirée ensemble parce qu'on sait qu'on va s'ennuyer. Mais t'as pas l'air là, Nico.

— Excuse-moi, t'as raison, je suis dans la lune.

Il me fit un grand sourire, et je me sentis mieux. Il déposa enfin le satané menu et m'embrassa en me prenant la main. Je pris ma petite voix mielleuse pour lui demander :

— Vas-tu t'ennuyer ?

— Bin voyons, Ély, c'est juste une fin de semaine !

Ah… juste une fin de semaine.

— Est-ce que tes parents y vont toujours ?

— Oui, mais ils vont juste arriver samedi après-midi avec les parents de Julien, qui peuvent pas monter avant parce que sa sœur a quelque chose, une compétition de natation, j'pense. Elle voulait absolument venir.

— Ouain, je commence à regretter de pas pouvoir y aller... surtout si Gabrielle est là !

— Bin oui, est fine. T'aurais pu regarder les parties avec elle, pas juste avec mes parents !

— Oui, mais c'est pas à ça que je pensais...

— Ah ? Comment ça ?

Je ne dis plus rien. Donc, Gabrielle y allait aussi. Elle allait passer la soirée avec Nico et moi pas. Le pincement que j'avais ressenti la première fois que je l'avais rencontrée apparut de nouveau. Nico me regardait bizarrement.

— Qu'est-ce qu'y a, Ély ?

— Rien, rien du tout.

— Ah ! t'as l'air drôle.

Surtout, ne pas commencer une chicane. J'avais tellement été en colère contre Vincent à cause de sa jalousie que je n'allais pas faire la même chose. Je pris le parti d'en rire. Jaune, peut-être, mais d'en rire quand même.

— Bin oui, si tu veux tout savoir, je suis jalouse. Tu peux rire de moi; j'me trouve nounoune moi-même ! Mais elle est belle, la sœur de Julien. Et t'es en train de me dire qu'elle va être là avec toi en fin de semaine, et moi non.

Je pris mon petit air piteux en battant des cils pour lui montrer que je savais que j'étais ridicule, mais que j'avais quand même envie qu'il me rassure. Ça marcha très bien. Il me prit dans ses bras, m'embrassa et me caressa les cheveux. En terminant sa caresse, il souleva le pendentif en forme de cœur sur mon collier et y déposa un baiser.

— Et ça, ça veut rien dire, je suppose ?

Oui, ça. Ça voulait tout dire. Je l'embrassai à mon tour et nous avons passé une très belle soirée. Plus la moindre trace de pincement jusqu'au moment où il me déposa chez moi. Quand il est parti ce soir-là, le fameux pincement revint avec force, au point où c'était douloureux. Encore cette espèce d'appréhension, comme si je sentais un orage arriver. Ainsi qu'on le voit parfois au cinéma juste avant que quelque chose de grave se produise, son visage sembla s'imprimer en *slow motion* dans ma tête au moment où il démarrait. Il m'a regardée dans les yeux, et j'ai eu l'impression que la terre arrêtait de tourner pour un instant, comme si c'était la dernière fois que je le voyais ou quelque horreur du genre. J'avais une boule dans la gorge et ce qui m'enrageait le plus, c'était que je n'avais aucune raison apparente de me sentir ainsi. Rien ne s'était produit pour m'inquiéter. Pourquoi, alors, ce sentiment de danger, cette sorte d'urgence qui me serrait le cœur ? Je ne saurai jamais précisément ce qui a déclenché cette horrible sensation, mais la suite me donna raison. Oh ! pas le même soir, mais bien assez vite. Trop vite.

* * *

Je passai le vendredi et le samedi dans un drôle d'état, comme si je m'attendais à tout moment à recevoir une mauvaise nouvelle concernant Nico. Cette impression que je ne le reverrais plus ou celle d'un drame imminent ne s'était pas tout à fait dissipée, mais je ne pouvais tout de même pas cesser de vivre. Avec le ski et mes copains du chalet, je tentai de dissiper le nuage qui persistait, sans grand succès.

Finalement, il n'y eut aucun drame, aucune tragédie cette fin de semaine là. Notre vie ne se résumait pas à une scène au cinéma. J'ai bel et bien revu Nico, en chair et en os. Cette soirée n'avait pas été notre dernière ainsi que je l'avais craint confusément; mais je compris, plus tard, que ça avait bel et bien été la dernière fois où je l'avais vu tel que je l'aimais : mon Nico à moi, doux, tendre et peut-être même encore amoureux de moi autant que je l'étais de lui.

J'avais réussi à convaincre mes parents de revenir à la maison à la fin de l'après-midi, dimanche, plutôt qu'après le souper. Sur l'ordinateur de l'école de ski, j'avais trouvé le site Internet du tournoi et j'avais vu que l'équipe de Nico avait gagné ses trois premières parties. Ils jouaient donc en finale ! J'étais contente pour eux et souhaitais de tout mon cœur qu'ils gagnent. La partie devait avoir lieu à quatre heures, et je voulais absolument être à la maison quand elle se terminerait au cas où Nico me téléphonerait pour m'annoncer leur grande victoire. Ce serait tellement excitant ! Mes parents acceptèrent de partir plus tôt, et nous sommes arrivés à la maison vers cinq heures.

Il n'y avait aucun message sur le répondeur à la maison. C'était normal, après tout. Nico pensait sûrement que j'étais encore au chalet. Tel que je le connaissais, il attendrait sans doute après la dernière partie et me téléphonerait aussitôt s'ils gagnaient. S'ils perdaient, il serait déçu et s'en remettrait durant le trajet du retour. J'aurais alors des nouvelles plus tard en soirée.

Je défis mon sac à dos, essayant de ne pas regarder l'heure toutes les cinq minutes. Évidemment, comme il était beaucoup trop tôt, les résultats n'étaient pas encore affichés sur le site Internet, mais je laissais mon ordinateur ouvert à cette page au cas où ils seraient inscrits rapidement. Je réussis à m'asseoir à la table avec mes parents à six heures après avoir vérifié que les trois téléphones de la maison fonctionnaient, juste au cas où... Tout allait bien de ce côté.

À six heures trente, le téléphone sonna et je sautai dessus. C'était ma tante qui voulait parler à ma mère... Je l'aurais étranglée! Ça durait toujours des heures avec elle! Grrrrrrr. Je fis de mon mieux pour ne pas avoir l'air impatiente, mais ma mère devina ma hâte sans que j'aie à dire quoi que ce soit et, après s'être assurée qu'il n'y avait rien d'urgent, coupa court à la conversation.

Sept heures, toujours pas de nouvelles. Sept heures trente, rien non plus. Je regardai à l'ordinateur et n'en crus pas mes yeux: ils avaient gagné! J'étais tellement excitée que je criais dans la maison comme une folle. Mes parents se moquaient gentiment de moi et ça ne m'énervait même pas. Je regardai l'heure à nouveau et mon sourire s'effaça. Il était huit heures quinze et

Nico ne m'avait toujours pas téléphoné. Je consultai les statistiques des joueurs pour voir à quel point Nico avait contribué à cette belle victoire et je vis qu'il y avait grandement participé. Dans cette seule dernière partie, il avait deux buts et deux passes, pour un pointage de cinq à quatre. Wow! J'étais tellement fière de lui!

Huit heures cinquante. J'essayais de me raisonner. Peut-être n'avait-il pas accès à un téléphone? Ses parents avaient pourtant toujours leur cellulaire avec eux. Mais peut-être ne voulaient-ils pas qu'il fasse un interurbain? D'habitude, ils ne s'y opposaient pas... surtout qu'il venait de jouer comme un dieu. Ils devaient bien comprendre qu'il voulait partager ça! Ah! partager ça... Probablement que l'équipe était partie fêter et qu'il n'avait pas pensé que je serais déjà à la maison. Et il était sans doute la vedette de cette fête réunissant toute l'équipe et les parents. Tout à coup, je vis Gabrielle et son beau visage tout souriant, Gabrielle souriant à Nico, le champion, et moi, à l'autre bout du monde, alors que j'aurais dû être près de lui.

Je me trouvai encore une fois ridicule. Je n'avais pas à mettre ma vie de côté pour être avec lui, et il ne me le demandait pas non plus. Je m'en faisais pour rien. Il m'appellerait sans doute plus tard.

* * *

Il était près de onze heures quand il me téléphona enfin. Je ne laissai pas le téléphone sonner plus d'un coup et je criai :

— Félicitations ! Vous avez gagné, c'est trop cool !

— Ah ! t'es au courant ? Oui, c'était vraiment *hot*…

— Oui, j'imagine ! J'aurais tellement aimé ça être là ! Tu devais être quelque chose à voir.

— Bin, oui, j'pense que j'ai bien joué.

— Tu penses ? Est-ce que tu viens juste d'arriver ? Vous êtes allés fêter ça ?

— Euh, non, en fait. Bin oui, on a fêté ça, mais on est revenus vers dix heures.

— Ah...

Il était arrivé une heure plus tôt et avait attendu tout ce temps-là pour me téléphoner ? Il dut entendre la déception dans ma voix, car il ajouta :

— Bin oui, tu sais, il fallait aller reconduire Julien et ses parents, pis ça finissait plus.

Ah, oui ! J'avais oublié. Je vis dans ma tête la mini-fourgonnette des parents de Nico avec tout ce joyeux monde à l'intérieur. Quatre parents, Julien, Nico et... Gabrielle.

— À part ça, ça s'est bien passé, le tournoi ? C'était l'fun ? Je me suis tellement ennuyée !

— Bin oui, c'était l'fun. On a pas mal tripé ensemble toute la gang. Je pense que tout le monde a aimé ça.

— Ouain, tout le monde, hein ?

— Bin, euh, oui. Qu'est-ce qu'y a Ély ? T'as l'air bizarre.

— J'ai rien, je suis fatiguée, pis un peu déçue. Je me suis dépêchée de revenir du chalet au cas où tu m'appellerais, mais...

— Ah, je savais pas ! Avoir su, je t'aurais appelé plus tôt ! Excuse-moi.

— C'est pas grave, tu pouvais pas savoir.

Il ne m'avait toujours pas dit qu'il s'était ennuyé. À bien y penser, il n'avait même pas l'air si excité de me parler. Il devait être aussi fatigué que moi...

— Écoute, je suis brûlé. Je vais aller me coucher. Je vais t'appeler demain, mais je vais avoir de la misère à te voir. J'ai une pratique de sept à neuf demain et mardi aussi. Je suis désolé...

Je ne répondis pas tout de suite. Il était désolé. Pas autant que moi ! Je me sentais toute croche. Il m'avait téléphoné et avait réellement l'air désolé. Alors, qu'est-ce que j'avais à avoir une boule dans la gorge, encore ? Ah ! Je devais être en période prémenstruelle !

— Oui, moi aussi, je suis fatiguée. J'ai pas arrêté de la fin de semaine. On se parle demain. Bonne nuit, j't'aime...

— Moi aussi... bye.

Je me couchai le cœur un peu gros. Du moins, c'est ce que je pensais. Évidemment, je ne savais pas encore ce que ça voulait dire, avoir VRAIMENT le cœur gros.

Chapitre 10

La fin du monde

Je n'attendis pas qu'il m'appelle le lendemain. Comme je revenais de l'école avant lui, je me rendis plutôt à son arrêt d'autobus. Il m'a souri en descendant et j'ai sauté dans ses bras.

— J'en pouvais plus ! Fallait que je te voie.

Il m'embrassa.

— J'ai pas beaucoup de temps, Ély... J'ai des travaux à finir pour mercredi, pis faut que je mange et que je parte vers six heures.

— J'sais, c'est pas grave. Je veux juste marcher avec toi, me coller un peu. Après, je te laisse tranquille, promis !

— Tu me déranges pas ! C'est juste que...

— Je sais, t'as pas besoin d'expliquer.

Nous avons marché, main dans la main, et je me sentais bien. Il était silencieux, mais comme il nous arrivait souvent de ne pas avoir besoin de paroles, je n'étais pas du tout étonnée. Je rompis le silence :

— Penses-tu qu'on pourrait faire quelque chose plus tard, ce soir ?

— Je sais pas. Ma pratique finit à neuf heures, le temps que je me change pis que je revienne... Au moins, ma mère me prête l'auto ! Et j'ai un exam de chimie mercredi, ça me fait suer. Je commence à trouver que je manque de temps…

— Oh ! pauvre toi ! Je sais, c'est pas évident. Demain, peut-être ?

— Si je peux m'avancer assez, oui, peut-être. Mais j'suis pas mal brûlé. Je vais t'appeler demain soir. Si j'suis capable de finir ce que j'ai à faire, j'irai faire un tour, OK ?

— Oui, c'est beau. Je sais que la chimie, c'est pas vraiment ton fort.

— Non, et puis il me reste pas grand temps pour me reprendre de mon dernier bulletin !

Nous avons continué de marcher. C'était vrai qu'il avait l'air fatigué. Il avait les yeux cernés et marchait lentement, pas comme il le faisait d'habitude. Cinq parties de hockey en une fin de semaine, c'était beaucoup ! Et j'imaginais qu'il ne s'était pas trop reposé pendant les soirées. Je détestais penser à ça. J'aurais tant voulu être là, avec lui, que j'en avais mal au ventre.

En arrivant devant chez lui, je vis que sa mère nous regardait. Je lui envoyai la main et un grand sourire, mais elle ne me répondit que d'un geste vague. Elle avait l'air fatiguée, elle aussi. Décidément, les tournois étaient durs pour toute la famille ! Je partis chez moi de bonne humeur. J'avais réussi à voir Nico quelques instants et ça suffisait à mon bonheur.

C'est dans cet état d'esprit que je décidai de lui faire

une surprise en allant le rejoindre, le lendemain, à la fin de son entraînement. Il ne s'attendrait certainement pas à me voir arriver ! Comme ça, au moins, je pourrais le voir un peu, ne serait-ce que le temps de revenir à la maison. Ce serait mieux que rien ! J'avais cruellement besoin de sentir ses mains sur moi, sa bouche sur la mienne. Je le voulais le plus près possible. L'entraînement était à un aréna que je connaissais un peu. Le trajet en autobus assez court et simple.

Assise dans l'autobus, je jouais avec mon pendentif. Je n'avais plus besoin de lire ce qui y était écrit. Chaque lettre était gravée dans ma tête de façon aussi claire qu'elle l'était sur le bijou. J'étais nerveuse. J'avais tellement hâte de voir Nico. J'avais apporté mon appareil-photo et espérais capter son regard lorsqu'il me verrait. Ce genre de photo était ma spécialité ! J'arrivai à l'aréna juste avant neuf heures. Les joueurs quittaient la patinoire et le chauffeur de la Zamboni s'apprêter à nettoyer la glace. Je m'installai dans l'aire de restauration et attendis discrètement, à l'écart. Plusieurs longues minutes plus tard, des joueurs commencèrent à sortir. Je vis Julien approcher et avec lui, Nico. Je fus parcourue de frissons. Dans quelques instants à peine, je serais dans ses bras. Comme je l'aimais !

J'allais me lever quand un mouvement dans l'entrée attira mon attention. Gabrielle arrivait, toute joyeuse, avec une fille que je ne connaissais pas. La fille en question sauta dans les bras de Julien tandis que Gabrielle s'approchait de Nico. Elle rougit en lui parlant; il lui sourit et déposa un baiser sur sa joue, laissant sa main s'attarder dans ses cheveux. C'était le genre de sourire et le genre de caresse qui aurait dû n'appartenir qu'à moi. J'entendis Julien dire :

— Bon, vous êtes prêts ? On y va ? Je meurs de faim !

Je sentis littéralement mon cœur se briser. Ils avaient organisé quelque chose… mais Nico était trop fatigué et occupé pour me voir. Dire que je m'étais inquiétée pour lui ! Il avait pourtant l'air assez en forme là, devant Gabrielle, avec son grand sourire… Je ne savais plus quoi faire; je venais d'être transformée en statue et mon cerveau, en Jell-O. Le mieux était peut-être que je reste là sans bouger. Peut-être que je pourrais sortir tout doucement plus tard sans qu'il se rende compte de quoi que ce soit. Comment réagirait-il s'il me voyait ? Serais-je capable, moi, de lui parler sans me mettre à pleurer ? Y avait-il la plus infime possibilité que je sois en train de m'énerver pour rien, qu'il soit, après tout, content de me voir quand même ? S'il y en avait une, aussi minuscule soit-elle, il me fallait le savoir. Quitte à mourir de chagrin.

Je me levai et attendis. Gabrielle me vit en premier et elle rougit de nouveau, mais sans sourire cette fois. Je m'avançai; le mouvement attira enfin l'attention de Nico et il figea. Julien le poussa un peu pour qu'il avance, mais Nico lui donna un coup de coude et il me vit aussi. Julien ne me salua même pas et sortit avec les deux filles. Tout ça sembla se passer au ralenti et durer des heures, alors que quelques secondes à peine venaient de s'écouler. Mon dernier espoir s'évanouit. Car si tout ça n'était rien de grave, Julien m'aurait saluée, Gabrielle aussi... et Nico n'aurait pas eu cet air-là.

Je ne lui avais jamais vu cette expression particulière qui semblait dépeindre un tas d'émotions : surprise, choc, peine, culpabilité, peut-être. Je continuai d'avancer, comme une espèce de robot. Je voulais qu'il vienne me rejoindre, qu'il me prenne dans ses bras, qu'il me donne une explication logique et rassurante sur ce que je venais de voir. Mais il restait planté là, alors je n'eus d'autre choix que d'aller vers lui ou pourrir, mourir sur place.

— Ély... qu'est-ce que tu fais ici ?

— Bin, comme tu vois, j'étais venue te rejoindre. J'étais pas venue patiner certain !

C'était sorti de façon beaucoup plus sifflante que je l'avais voulu. Je me croyais pourtant incapable de prononcer le moindre mot.

— Euh, bin... on s'en allait manger, veux-tu venir avec nous ?

— D'après toi, Nico ? Penses-tu que j'ai FAIM ? Penses-tu que j'ai envie d'aller m'asseoir avec vous autres comme si de rien n'était ? Me semblait que t'étais trop fatigué pis que t'avais trop d'étude à faire pour me voir, même une demi-heure. Faut croire que j'ai mal compris!

— C'est pas ça, Ély. Tu t'énerves pour rien.

— Ah oui? Je m'énerve pour rien? Bin, dis-moi donc pourquoi Julien m'a même pas dit salut pis l'autre est devenue rouge tomate quand elle m'a vue, hein? Oh! Pis, regarde, t'as pas besoin de me raconter des histoires. Tu fais bin ce que tu veux.

Je tournai les talons et me dirigeai vers la sortie de l'aréna.

— Ély, attends!

— Attends quoi, Nico?

— On va s'en aller ensemble, on va se parler.

— Laisse faire, Nico, je pense pas que je suis en état de parler, là. Quand tu seras pus fatigué pis que t'auras passé ou coulé ton exam, on verra! Tu pourras me dire quand t'as commencé à te sacrer de moi et à me jouer dans l'dos. Au tournoi en fin de semaine, hein, c'est ça? Bin coudonc, au moins, y en a un de nous deux qui s'est pas ennuyé, hein?

— Ély, arrête, j'ai rien fait!

— Bin non, Nico. Je suis sûre que non.

Je sursautai en m'entendant prononcer ces mots, les mêmes que Vincent m'avait déjà crachés à la figure dans une autre vie. Je n'étais pas fière de moi, mais ça sortait tout seul. Je pleurais, évidemment, et plusieurs personnes s'étaient mises à nous regarder. Nico ramassa son sac, le mit sur ses épaules, s'approcha de moi et me prit dans ses bras. Il m'entraîna à l'extérieur et je le laissai me guider. Dehors, pas la moindre trace de Julien et des filles. Tant mieux, je n'aurais pas pu le supporter. Je me sentais complètement vidée. Était-il possible que cela se passe réellement? Est-ce que je n'allais pas plutôt me réveiller en sursaut, chassant ce mauvais rêve dans d'éblouissants rayons de soleil?

Non. Nico me caressait les cheveux et je sanglotais comme un bébé. Je voulais mourir de chagrin et de honte. Pourquoi me faisait-il ça? Pourquoi? Qu'est-ce que j'avais fait pour mériter qu'il me tue ainsi? Je finis par m'éloigner de lui et je vis qu'il avait les yeux remplis d'eau, lui aussi. Cette constatation acheva de me faire comprendre ce qui se passait, que c'était bien ce que je craignais.

Il me prit par la main et me dirigea vers l'auto de sa mère. Je montai, mais seulement parce que je n'avais pas la force de faire quoi que ce soit d'autre. Je ne savais pas où je voulais être, mais certainement pas là et encore moins dans ma peau. Il faisait froid, mais je ne sentais rien. Il fit démarrer le moteur. Nous sommes restés assis en silence et, peu à peu, l'intérieur de la voiture se réchauffa.

— Je sais pas quoi dire, Èly.

Moi non plus, je ne savais pas quoi dire.

— Parle-moi, engueule-moi, dis quelque chose!

Je pris une grande inspiration et laissai ressortir l'air

de mes poumons. Ça sortait tout croche, saccadé, comme si cet air était empoisonné. Finalement, je réussis à articuler:

— C'est plutôt toi qui devrais dire quelque chose, Nico, genre: « C'est pas ce que tu penses, j't'aime, je veux juste être avec toi pour toujours... », t'sais, les belles paroles que tu me disais avant? C'était de la *bullshit*, faut croire, mais je donnerais tout pour les entendre encore.

— Non! C'était pas d'la *bullshit*, Ély! J't'aime encore, je sais juste pas c'est quoi qui se passe! J'suis tout mêlé! J'ai rien fait avec Gaby, rien d'important, en tout cas. Mais je sais pus ce que je veux...

— Rien d'important? C'est quoi, rien d'important? As-tu couché avec?

Il détourna la tête sans répondre.

— As-tu couché avec elle, oui ou non?

— C'est pas comme tu penses, Ély. Ça a rien à voir avec toi!

— Rien à voir avec moi!

— Non, je l'aime pas vraiment, c'est pas pareil.

— Je suis supposée avoir moins de peine que t'aies couché avec elle parce que tu l'aimes pas?

— Bin, oui, c'était juste de même... C't'arrivé sans que je m'en rende compte.

Je suffoquais. Je ne pouvais plus rester là. J'ouvris la porte et sortis de la voiture. L'autobus approchait; avec un peu de chance, je pourrais l'attraper.

La chance me sourit. Ouf! Quelle chance! Je venais d'apprendre que l'amour de ma vie avait couché avec une autre fille, mais j'avais réussi à attraper l'autobus, youppi, *yessss* et youhou! J'entendais Nico qui m'appelait, mais je l'ignorais. Je montai dans l'autobus et allai m'asseoir tout au fond, là où je pourrais pleurer tranquille. Pendant vingt minutes, je sanglotai. Fort, mais en silence, comme si un torrent s'écoulait de mon corps, comme les chutes Niagara, en plus saccadé. Ça ne s'arrêterait jamais... Et au fur et à mesure que le flot coulait, je ressentais les émotions les plus laides du monde. J'avais tellement mal!

Je ne fus pas étonnée de voir Nico qui attendait à l'arrêt d'autobus. J'aurais tant voulu pouvoir me précipiter dans ses bras et oublier tout ce qui venait de se passer! Mais la douleur était beaucoup trop intense.

— Ély, je t'en supplie, arrête. Je te répète que je t'aime et que ça a rien à voir...

— Bin, ta façon de m'aimer, j'en veux pas, Nico! As-tu pensé deux minutes comment tu te sentirais si c'était moi qui avais fait ça?

Ces quelques mots semblèrent l'atteindre. Ses épaules s'affaissèrent. Il détacha son regard du mien et regarda le bout de ses souliers. Puis, tout doucement, il reprit:

— Tu m'aurais jamais fait ça.

— Non, Nico. Jamais. Pis je pensais pas que toi, t'aurais pu non plus.

Je me remis à pleurer de plus belle. Comment était-il possible d'avoir aussi mal? Était-ce comme l'amour que je lui portais, qui augmentait chaque jour? Est-ce que je continuerais d'avoir de plus en plus mal jusqu'à ce que j'en meure?

Il me regarda. Il pleurait.

— Ély, je sais pas ce qui m'a passé par la tête. Je sais pas ce qui me passe par la tête maintenant, je sais rien pantoute! Peut-être que je suis pas prêt à m'embarquer aussi sérieux avec une fille. Ça fait un an. J'ai l'impression que je manque quelque chose. T'es la seule fille que j'ai jamais aimée, mais me semble que je passe à côté de toutes sortes de *trips*. J'ai l'impression d'être marié. J'suis bin trop jeune pour ça!

— Quoi? T'as l'impression d'être *marié*? OK, Nico. T'as raison. Si tu le vois de même, c'est probablement parce que t'es pas prêt ou parce que t'es pas dû pour l'être avec moi.

— Ély, dis pas ça. T'sais que je t'aime. Si y a une fille au monde avec qui j'ai envie de faire tout ce qu'on parlait ensemble, c'est toi. Mais j'ai à peine dix-sept ans. Je veux vivre un peu!

— Ah? Je t'empêche de vivre? Écoute, Nico, c'est clair que t'as l'impression qu'une fille, c'est pas assez pour toi. Faque j'pense qu'on parle pour rien, là.

— J'avais juste envie de la connaître un peu. Pis je m'ennuyais. J'te vois pas souvent.

— C'est parce que tu t'ennuyais que t'es allé voir

une autre fille! Nico! Comment tu peux dire une affaire de même?

J'avais crié. Je n'en revenais pas de son culot. J'étais déchaînée.

— Qu'est-ce que tu veux de moi, hein, Nico? Si j'étais pas allée ce soir, t'aurais continué de même à la «connaître» pendant que je me doutais de rien?

— Non, Ély, tu sais bien.

— Non, je sais pas! Comment tu veux que je sache? T'es dégueulasse, Nico!

— Ély, je veux pas que tu m'haïsses...

— T'aurais dû penser à ça avant, Nico!

Je le regardai et j'avais l'impression que j'allais m'évanouir. Ce gars-là ne serait plus là dans ma vie. Tout ce qu'il m'avait dit, c'étaient des mensonges. Combien d'autres filles avait-il connues à part moi, et depuis combien de temps sentait-il qu'il passait à côté de toutes sortes de *trips*? Je me souvins de ce qu'il avait dit au sujet de Justine: «Ça fait longtemps que c'est fini avec elle, j'ai juste pas eu le *guts* de lui dire avant.» Depuis quand me jouait-il la comédie parce qu'il n'avait pas le courage de me le dire? Depuis quand couchait-il avec Gabrielle et, qui sait, d'autres filles?

Un poignard s'enfonçait de plus en plus profondément dans ma tête, dans mon ventre, dans mon cœur. C'était intolérable. Une année de mensonges, d'espoirs déçus, de rêves anéantis. Un an et tant d'amour gaspillé ! J'oscillais entre la colère, la honte, le désespoir et le chagrin. Ce sont toutes ces émotions qui me firent empoigner mon collier, ce collier que j'aimais tant, qui symbolisait ma vie avec Nico, passée, présente et future, celui que je lui avais juré de porter tous les jours. Je tirai de toutes mes forces et il se brisa. Je le lançai à ses pieds et partis. Nico n'essaya même pas, cette fois, de me rattraper. Il n'aurait pas pu faire grand-chose. De toute manière, il en avait déjà bien assez fait.

m'man, rien ! Laisse-moi tranquille, OK ?

J'avais répondu beaucoup trop sèchement, mais je désirais juste avoir la paix. Elle eut l'air fâchée, s'apprêtait à me répondre, mais par miracle, elle changea d'idée. Elle prit une profonde inspiration et s'assit sur mon lit. Je me retins du mieux que je pus pour ne pas lui crier de s'en aller.

— Tu sais, ma chouette, ça a l'air épouvantable, là, maintenant. J'imagine que vous avez eu une petite chicane, Nico et toi. Mais tu vas voir, ça va s'arranger. C'est sûrement moins pire que tu le penses.

J'éclatai. C'était comme si tout ce qui m'était passé par la tête les derniers jours sortait en même temps :

— Pas si pire que ça ! M'man, je pense vraiment que ça pourrait pas être pire, OK ? J'ai été vraiment, tellement épaisse, tu peux pas savoir ! Non, ça va pas s'arranger. Chus pas obligée de tout te dire, mais c'est fini avec Nico, OK ?

— Voyons, ma chouette. Comment ça, c'est fini ? Raconte-moi ce qui s'est passé, je suis sûre que je vais pouvoir trouver une solution.

— Maman, arrête de te mêler de mes affaires tout le temps et de tout vouloir régler pour moi ! Tout ce que je fais te regarde pas, t'sais ? Es-tu trop conne pour comprendre ça ?

Elle demeura interdite, comme si je venais de la frapper. Je ne lui avais jamais parlé sur ce ton, mais je ne le regrettais pas. Au contraire, ça m'avait fait du bien, même si elle n'était pour rien dans toute cette histoire. Elle sortit de sa torpeur.

— Qu'est-ce qui te donne le droit de me parler sur ce ton-là ? Penses-tu que t'es la première à avoir une peine d'amour ? Tu sauras que les choses arrivent toujours pour une raison, mais que rien ne te donne le droit de me parler comme ça ! C'est pas en te fâchant après moi que ça va s'arranger !

— Bin, t'as juste à me laisser tranquille pour une fois ! Tu peux pas savoir comment je me sens, faque dégage !

Mon père avait entendu nos éclats de voix et était arrivé dans ma chambre. Ma mère en profita pour se lever et, enfin, sortir de ma chambre.

— Parle à ta fille, moi, je ne veux plus la voir tant qu'elle ne me fait pas des excuses !

Mon père me regarda, interrogatif. Comme je m'y attendais, il préféra ne pas s'en mêler. J'enfouis ma tête dans mon oreiller et l'entendis partir à son tour.

Le vendredi, je ne m'étais toujours pas levée. Je n'avais pas pris de douche ni rien mangé d'autre que des chips plus très frais et quelques raisins. J'avais un mal de tête lancinant et étais fatiguée. Je réalisai, vers la fin de la journée, que nous partirions pour le chalet tôt le lendemain matin, que la fin de semaine arrivait et que j'étais censée aller donner des cours de ski. C'était impensable; je ne pouvais tout simplement pas y aller. Je devais téléphoner au centre de ski pour dire que j'étais malade. Ça ne serait sûrement pas apprécié, mais ça n'avait aucune importance. S'ils voulaient me remplacer pour le reste de l'hiver, tant pis, je m'en moquais éperdument. Ma mère ne serait pas d'accord, mais c'était comme ça. Que pouvait-elle faire ? Me forcer ? J'en doutais.

Quand elle revint à la maison ce soir-là, je l'entendis qui s'affaira tout de suite pour le souper. Je sortis de ma chambre et me préparai à l'affronter. Le plus tôt serait le mieux. Ainsi, je m'appuyai au mur de la cuisine et lui dis :

— Partez sans moi demain matin. Je reste ici en fin de semaine.

Elle se retourna et me dévisagea.

— Comment ça, tu restes ici ? T'as un travail qui t'attend, non ?

— Je peux pas y aller. Je suis pas capable.

— Bon, ça y est. *Pas capable.* Il n'en est pas question. T'as une responsabilité à prendre et tu vas la prendre. T'es pas malade, et la façon dont tu m'as parlé hier soir m'a plutôt montré que t'es bien assez en forme !

Est-ce que j'allais reculer ? Normalement, c'est ce que j'aurais fait. J'aurais fait ma bonne petite fille docile. Mais l'idée de me retrouver sur une pente de ski, de devoir forcer sourire et entrain m'apparaissait au-dessus de mes forces. Et puis, j'en avais tellement assez que ma mère décide tout à ma place ! La bataille qui s'annonçait m'épuisait d'avance. C'est donc d'une voix éteinte, presque dans un murmure, qui la toucherait peut-être davantage qu'un accès de colère, que j'ajoutai :

— Oui, je suis malade. J'ai mal à la tête, je *shake*, je peux pas. Je peux juste pas, maman.

Sans le vouloir, je me suis mise à pleurer, comme un bébé. Ma mère vint près de moi et me prit dans ses bras encore un peu hésitants. En m'entraînant vers le salon, je le sentis, elle se radoucit. Elle finit par me dire :

— D'après ce que tu m'as dit, c'est normal que tu sois triste. Mais à seize ans, tu vas t'en remettre. Aucun garçon mérite qu'on ait autant de peine ! Je ne sais pas ce qui est arrivé, mais je continue de penser que si vous vous calmez et vous parlez un peu... tu sais, faire des excuses, ça peut arranger bien des choses.

Je n'en revenais pas. Faire des excuses ? Ma mère pensait que MOI, je devais des excuses à Nico ?

— J'ai pas à m'excuser ! C'est pas de ma faute à moi, c'est lui !

— Voyons, cocotte ! Le beau Nico ne ferait pas de mal à une mouche !

Évidemment. Le beau Nico. Le gendre dont ma mère avait toujours rêvé. Si quelque chose s'était passé, c'était forcément de ma faute ! J'allais vraiment perdre les pédales, je le sentais. J'en tremblais presque.

— Maman, je pense qu'on est mieux de s'en parler une autre fois.

Je m'étais raidie et dégagée d'elle. Elle sembla réaliser sa gaffe.

— Eh bien ! si toi, t'as rien fait, qu'est-ce qu'il a fait, lui ? Ça peut pas être si grave, voyons ! Vous êtes faits pour aller ensemble !

— Ah oui ? Eh bien ! tu devrais lui rappeler ça à lui parce que y a l'air à trouver qu'y va bien avec au moins une autre fille !

Ma mère resta silencieuse. Enfin, je lui avais bien fermé le clapet ! Mais ce fut de courte durée.

— Tu sais, Ély, des fois les gars ont besoin de perdre une chose pour se rendre compte à quel point ils y tenaient. Tu vas voir, ton Nico va revenir en rampant, et tout va redevenir comme avant. Je suis certaine que t'exagères, de toute façon. En attendant, tu devrais plutôt lui montrer que tout va bien. Tu vas voir, il va s'en rendre compte bien vite et va se remettre à te tourner autour ! Je sais pas ce qui s'est passé, mais je parie qu'il va téléphoner, que vous allez vous parler et que tout va s'arranger.

— Non, m'man, ça s'arrangera pas. C'est fini pour vrai.

Elle resta encore là, sans bouger. Elle avait l'air exaspérée.

— Bon, bien, dans ce cas, secoue-toi un peu ! Tu vas quand même pas te laisser mourir pour lui ! Si t'es trop têtue pour entendre ce que j'ai à te dire, au moins, prends-toi en main et fais quelque chose. T'as passé la semaine à pleurer et à te morfondre, ça suffit ! Si t'es convaincue que c'est fini, tourne la page une fois pour toutes. Un de perdu, dix de retrouvés.

Un de perdu, dix de retrouvés ! Je n'arrivais pas à croire qu'elle ait osé me servir cette phrase qui était censée faire du bien, mais qui ne faisait qu'illustrer à quel point elle ne comprenait rien à rien. Évidemment, elle ne pouvait pas comprendre. Je n'en voulais pas dix, je n'en voulais qu'un, Nico et personne d'autre. Toute cette histoire ne pouvait pas être vraie.

Je me levai sans dire un mot et retournai dans ma chambre pour ne pas en ressortir. Je voulais désespérément ne penser à rien, mais les paroles de Nico revenaient tourbillonner dans ma tête sans relâche : « C'est pas comme tu penses, Ély. Ça a rien à voir avec toi ! », « Je l'aime pas vraiment, c'est pas pareil… » ou encore « C'était juste de même... C't'arrivé sans que je m'en rende compte. » Je ne le croyais tellement pas ! Avait-il paniqué, croyait-il que je voulais l'emprisonner pour le reste de ses jours ? « J'ai à peine dix-sept ans. Je veux vivre un peu ! » Comme si j'avais voulu l'empêcher de vivre... Et lui, qu'est-ce qu'il me faisait, là, au juste ? Est-ce que je vivais, moi ?

* * *

Je réussis à rester à la maison... du moins, le samedi. Je n'avais gagné cette bataille qu'à moitié. Ma mère était frustrée, mon père ne savait plus sur quel pied danser, mais c'est tout de même lui qui réussit à me faire accepter l'idée d'aller au chalet samedi soir. Il me le demanda comme une faveur, sans rien m'imposer comme l'aurait fait avec joie ma mère. C'est peut-être pour ça que j'ai accepté.

Ma mère m'obligea à téléphoner moi-même à l'école de ski. Contrairement à ce que j'avais craint, je ne perçus que de l'inquiétude dans la voix d'Alain, mon patron. Je lui dis que je serais là dimanche et il me répondit de ne pas m'en faire, que si j'étais en forme dimanche, tant mieux, mais que sinon ça pouvait attendre à la semaine suivante.

Le samedi matin, je ressentis, pour la première fois depuis cet horrible soir où j'aurais mieux fait de rester à la maison, de la colère. D'abord sourde, elle monta en moi comme un raz-de-marée pour devenir tellement violente que je voulus la vomir. Je courus à la salle de bains, sentant que j'allais exploser, mais je n'éprouvai rien que de douloureux spasmes qui me secouèrent tout entière. Je pensai soudainement au bracelet, celui qui accompagnait le collier que j'avais lancé à la figure de Nico. Il me le fallait. Je retournai à ma chambre en chancelant et le sortis de mon tiroir. Je voulais l'écraser, le détruire, mais en le tenant dans ma main, je revis le visage de Nico le soir de Noël, quand il me l'avait offert, et je me mis à pleurer, à hurler de douleur. Je m'écrasai par terre, sanglotant comme une toute petite fille.

Ma mère boudait et c'était parfait. Nous nous

sommes croisées quelques fois au cours de la journée; elle me regardait d'un air méprisant puis faisait comme si je n'étais pas là. Mon père, tellement mal à l'aise qu'il se cachait au sous-sol pour regarder la télévision, me laissait aussi tranquille. Je réussissais donc à avoir la paix. C'était tout ce que je demandais.

* * *

Quand j'arrivai, de peine et de misère, à l'école de ski ce dimanche matin là, tout le monde me demanda si ça allait, si j'étais malade. Je restai évasive, parlant simplement de gastro, les assurant que j'allais mieux. Je me sentais faible, avais constamment mal à la tête et toujours envie de pleurer. Une gastro, oui, c'était assez plausible. Mais dans le télésiège, dès notre première remontée, Émmie se tourna vers moi et me fit révéler la vérité. Elle était hors d'elle.

Je ne faisais que pleurer de plus belle. Tout au long de cette longue et difficile journée, Émmie essaya, du mieux qu'elle le pouvait, de m'encourager chaque fois qu'elle me croisait, de me faire rire ou de me faire oublier tout ça ne serait-ce que quelques minutes. Mais c'était peine perdue. J'ai eu l'impression de voir Nico au moins quatorze fois, mais ce n'était jamais lui, évidemment. Je finis par passer à travers la journée, par miracle. Puis, à l'école de ski, à la toute fin de la journée, je pus constater que mes autres amis savaient ce qui s'était passé. J'étais fâchée qu'Émmie ait parlé de mes histoires privées. Tout le monde connaissait les moindres détails de ma vie amoureuse, tout le monde savait ce que Nico m'avait fait ! Quelle honte ! Je lançai un regard foudroyant à Émmie. Pourtant, je ne sentis que gentillesse et soutien de leur part, surtout de Jérémie, un gars très gentil qui était à l'école de ski depuis aussi longtemps que moi :

— Ély, j'espère que tu vas aller mieux la semaine prochaine. T'sais, je trouve qu'il est vraiment con, Nico. Il réalise pas la chance qu'il avait !

Puis, il devint tout rouge et je compris que mon instinct ne m'avait pas menti : il m'aimait bien. Mais ce n'était pas lui que je voulais. Pourquoi Nico semblait-il être le seul à ne pas réaliser que tout ça était une grosse, une stupide erreur ?

* * *

Je passai cette semaine-là dans un état aussi lamentable que la précédente, mais j'apprenais à faire semblant. Je me trouvais assez habile. Il m'arrivait de faire des tests et des dictées sans vraiment m'en rendre compte; mes notes s'en ressentaient, mais au besoin, j'imitais la signature de ma mère et me promettais de faire mieux au prochain. Pas grave. Je n'avais toujours pas faim, mais, au moins, je n'avais plus mal à la tête. Je n'avais plus mal nulle part, en fait, et je trouvais ça étrange. J'étais juste fatiguée, exténuée. J'en tremblais.

Mes vêtements me pendaient sur le dos. J'avais sûrement perdu quelques kilos, mais même ça n'arrivait pas à me faire sourire. Toutes mes amies de l'école essayaient de me changer les idées, mais il était évident qu'elles ne comprenaient pas comment je me sentais. Pas du tout. Elles me disaient toutes que je me sentirais mieux avec le temps, que je devrais sortir un peu, voir du monde, essayer de m'amuser. J'imagine qu'elles voulaient bien faire, mais je n'avais pas envie de faire tout ça. Au contraire. M'amuser ? Voir du monde ? Marilou, mon amie du journal, avait même commencé à me parler d'un gars du journal qui, elle le prétendait, me trouvait bien de son goût. Pourquoi ne voyaient-elles pas, toutes autant qu'elles étaient, que je ne voulais rien d'autre que de retrouver la vie que j'avais avec Nico ?

J'avais moi-même un peu de mal à comprendre tout ce qui me passait par la tête. Un moment, j'étais déroutée, comme si rien de tout ça n'était réellement arrivé. Plus tard, je devenais en colère, une colère si violente que mes ongles laissaient des marques dans les paumes de mes mains. Plus tard encore, je me disais que je ne pouvais pas continuer à vivre comme ça, que c'était trop injuste. Je cherchais ce que Gabrielle pouvait bien avoir de plus que moi et ne trouvais pas. J'avais mal, et ça devenait intolérable.

C'est le jeudi que j'ai eu l'envie irrésistible de téléphoner à Nico. C'est vite devenu une obsession, et seulement la peur me retenait. J'étais cependant certaine que si je lui expliquais comment je me sentais, il comprendrait et regretterait ce qui s'était passé. Mais je ne pouvais pas ne pas essayer. Je pris mon courage à deux mains et m'accrochai à ce que je croyais être la meilleure solution d'effacer tout ça.

— Ély... Comment ça va?

— Pas bien, Nico, pas bien du tout. Je m'ennuie. Je peux pas croire que c'est fini, ça a juste pas d'allure. Tu trouves pas que ça a assez duré, toutes ces niaiseries? Tu sais, je suis plus fâchée. Je comprends. Et je m'excuse. Je sais maintenant que je te laissais pas assez de temps pour vivre ta vie sans moi. Je te jure que je le ferai plus. Mais je veux juste qu'on revienne ensemble, OK?

Il demeura silencieux, et je n'entendais que sa respiration. Moi, bien entendu, je ne respirais plus.

— Ély, t'as pas à t'excuser de quoi que ce soit, OK? T'as rien fait de mal.

— J'suis pas sûre. Si j'avais été vraiment correcte, on en serait pas là!

— Ély, arrête. T'as pas à faire ça. Ce qui est arrivé est arrivé, et pas à cause de ce que t'as fait ou pas fait. Faut pas que tu penses que c'est ta faute. C'est arrivé, c'est tout!

— Mais je sais que tu m'aimes encore, Nico, que Gabrielle, c'est juste une aventure. C'est vrai qu'elle est belle, mais ce qu'on avait, nous deux, c'est pas pareil, tu le sais, non?

— Ély, arrête! Gabrielle, c'est pas juste une aventure...

— Oui, c'en est une, Nico. Je sais que tu l'aimes pas vraiment, tu me l'as dit toi-même!

— Ély, oui, je l'aime. C'est différent. C'est sûr et ça m'écœure vraiment de te faire de la peine comme ça, mais oui, je l'aime. On a passé une super année ensemble, mais là, c'est fini. Faudrait que tu l'acceptes.

Le téléphone tomba de ma main et je le regardai par terre un moment, sans vraiment comprendre. Puis, machinalement je le replaçai. Et j'éclatai. Je pleurai toute la nuit.

Chapitre 12

Mon cœur engourdi

À l'école, le lendemain, je réussis encore à faire semblant que tout allait relativement bien. Mais depuis que j'avais parlé à Nico, je me sentais «cassée», comme une poupée mécanique toute déboîtée. Je disais des choses que je ne pensais pas, je marchais sans vraiment savoir où j'allais. Mes amies me disaient que je faisais peur à voir, mais je m'en moquais, même si elles avaient raison. Mes cheveux étaient emmêlés et je ne me maquillais pas depuis un bout de temps puisque de toute manière, je me mettais souvent à pleurer tout d'un coup, sans prévenir. J'avais de profonds cernes noirs autour des yeux et ces derniers étaient si rouges que j'avais presque l'air d'un vampire. Mon professeur de français avait essayé de me retenir après un cours; elle voulait me parler de mes notes, savoir ce qui se passait. Je l'avais évitée en prétextant que j'avais des photos à prendre pour le journal. Mais je me moquais du journal autant que du reste. Mon ultime espoir, celui de faire entendre raison à Nico, s'était évanoui. Alors, que m'importait d'être jolie, bonne élève ou de publier mes photos?

Je croisai Vincent en allant à la cafétéria un midi. Depuis les événements de l'année précédente, il m'ignorait assez, mais ce jour-là, il s'arrêta devant moi et me regarda des pieds à la tête avec une vague expression de dégoût mêlé à de la pitié.

— Je sais comment tu te sens, Ély. Moi aussi, je me suis déjà fait flusher par quelqu'un que j'aimais beaucoup... Ça fait mal, hein ?

Je crus qu'il ajouterait quelque chose de gentil, un encouragement peut-être, comme d'autres l'avaient fait. Mais il me dit plutôt :

— Je suis bin content que ça t'arrive, Ély. T'as juste ce que tu mérites. J'te dirais bien que tu vas passer à travers, qu'on s'en remet, mais y a toujours quelque chose qui reste. J'te souhaite que ça fasse mal encore longtemps.

Et il me dépassa. Comme si je ne souffrais pas assez comme ça, Vincent venait de me faire voir à quel point je l'avais blessé. Et à la douleur s'ajouta la honte. Tout s'emmêla. Je me dis que ce n'était pas ma faute si je ne l'avais pas aimé autant que lui m'avait aimée, puis je compris que c'était probablement comme ça que Nico se sentait. Je voulus crier, mais à la place de crier, je m'assis par terre au fond d'un corridor peu fréquenté, me roulai en petite boule et restai là jusqu'à la fin de la période du dîner.

* * *

Une autre fin de semaine au chalet. Je ne voulais pas y aller, mais je n'avais pas le choix. Mes parents s'étaient disputés toute la semaine. Je n'avais pas beaucoup écouté leurs discussions, mais bien assez pour comprendre que je n'avais pas le choix de les suivre. Ils devenaient méchants l'un envers l'autre. Quand mon père avait essayé de me défendre, ma mère s'en était prise à lui. Si je ne voulais pas qu'il subisse les foudres de ma mère, je devais demeurer aussi *low profile* que possible.

Émmie fut choquée par mon allure. Elle essaya encore une fois de me changer les idées, avec l'aide des autres moniteurs dont Jérémie, toujours aussi gentil. Il était attirant, drôle et sympathique, mais me laissait totalement indifférente. Son seul défaut: il n'était pas Nico. Je savais que je devais me secouer et cesser de penser constamment à Nico, mais je ne savais pas comment m'y prendre. Alors, quand Émmie décida que je sortais avec eux ce soir-là, je la laissai faire. Nous sommes allés au restaurant — les frites et le hamburger me donnèrent envie de vomir — puis au cinéma. C'était une toute petite salle, le film semblait bon, et je décidai d'essayer de passer une belle soirée. Juste pour voir si c'était encore possible. Quelques minutes avant le début de la représentation, Émmie m'a entraînée dans les toilettes, a sorti une petite bouteille de son sac et me l'a tendue:

— Vas-y, Ély, mets-en dans ton Coke. Tu vas voir, c'est bon.

Je ne savais pas trop ce que c'était, mais j'en versai

un peu dans mon verre. Elle en ajouta et le mélangea avec son doigt. Oui, c'était bon, très bon même. Elle nous en resservit un peu et nous sommes entrées dans la salle. C'était drôle. Ça faisait du bien. J'avais chaud en dedans pour la première fois depuis des semaines. Une autre gorgée.

Nous avons passé tout le film à ricaner, à faire des folies et à boire du « Coke ». Je me sentais nettement mieux que les dernières semaines. Je n'avais pas pensé à Nico de tout le film, et lorsque nous sommes arrivés à la salle de billard, je riais. Je riais et j'étais bien. Enfin.

Je n'arrivais pas à jouer au billard et j'en riais même si normalement je me débrouillais assez bien. Tout le monde riait, mais pas de moi. Ils avaient l'air contents que je m'amuse enfin, et je trouvai que j'avais de bons amis. Jérémie me raccompagna au chalet vers onze heures et je me couchai sans me déshabiller. Je m'endormis sur-le-champ, sans penser à Nico. Je ne fis aucun rêve et ce fut merveilleux.

Le dimanche matin, je ne me sentais pas très bien, mais après un chocolat chaud et un bol de céréales, ça alla mieux. Ma mère avait à peine réalisé à quelle heure j'étais rentrée et n'avait rien remarqué de mon état. Elle avait les yeux rouges, bouffis, comme si elle avait pleuré, et me regarda à peine.

Je fus accueillie à l'école de ski avec des clins d'œil complices qui me firent du bien. Émmie me donna une canette de boisson énergisante que je bus d'un trait. Ah! beaucoup mieux. Je passai une belle journée, la première depuis longtemps.

Je commençai la semaine de meilleure humeur, au grand soulagement de ma mère qui le remarqua tout de suite. J'avais hâte de retourner au chalet et de passer une autre belle soirée avec mes amis. J'étais reconnaissante envers eux de m'avoir réveillée, de m'avoir montré comment laisser tous ces mauvais souvenirs derrière moi. Je ne savais pas encore que c'était le début d'une autre période pas très reluisante; tout ce qui m'importait alors, c'était que j'avais enfin moins mal.

Le mercredi soir, seule à la maison, je me versais un verre de boisson gazeuse lorsque je me souvins de l'effet presque magique que j'avais ressenti au cinéma avec Émmie. Traînait-il une bouteille intéressante dans les parages? Je trouvai du rhum et en versai dans mon verre; c'était encore meilleur. Je ne tardai pas à ressentir de nouveau ce bien-être de l'autre soir, m'installai devant la télévision et me surpris à ricaner durant une comédie pourtant pas si drôle. Quel délice!

Le samedi suivant, les filles de l'école de ski me proposèrent d'aller à l'arcade puis, peut-être, à la salle de billard. J'acceptai avec plaisir. Malgré les quelques verres de liqueur améliorée, j'avais moins de mal à jouer aux courses d'autos qu'au billard. Je n'atteignais pas de scores impressionnants, mais je riais aux éclats, ce qui valait mieux que tout le reste. Je me souviens d'être allée aux toilettes et de m'être regardée dans le miroir : je souriais. Vraiment. Je n'avais plus l'air aussi misérable.

Jérémie aussi l'avait remarqué et me complimentait sans cesse. Plus je buvais, plus ça me faisait plaisir. Il ne m'intéressait pas plus que la semaine précédente, mais j'avais besoin de me sentir désirée, de me sentir belle et attirante, et j'en profitais. Quand il me raccompagna au chalet, ce soir-là, je le laissai même m'embrasser. Ça n'avait rien à voir avec les baisers que j'échangeais avec Nico, mais ça faisait du bien. Au moins, j'étais encore capable de plaire à quelqu'un ! Qu'importait, après tout, que je ne sois pas amoureuse de lui ? Nico avait fait bien pire avec quelqu'un qu'il n'aimait supposément pas et il semblait très bien se porter. Jérémie me trouvait belle et quand il me caressait, je pouvais me faire croire que j'étais avec Nico. Et ça, c'était bien.

Mes amies de l'école conclurent que j'étais guérie. À la maison, ma mère ne boudait plus, mais mes parents sortaient beaucoup pour « discuter », disaient-ils. La tension entre eux était palpable, mais moi, je profitais de leurs sorties pour faire diminuer, lentement mais sûrement, leurs réserves d'alcool. Je voulais juste continuer à sourire et à mieux dormir, et j'avais remarqué que ce petit coup de pouce, temporaire évidemment, fonctionnait bien.

Le samedi suivant Jérémie m'a invitée au chalet

d'un ami où plusieurs personnes se retrouvaient pour un petit party improvisé. J'ai accepté sans hésiter, même si je ne connaissais presque personne à part quelques moniteurs de l'école de ski. Le gars qui habitait là m'était vaguement familier, mais je n'arrivais pas à me souvenir où je l'avais déjà vu. Lorsque Jérémie me le présenta, je me souvins que c'était Jérôme, le claviériste du *band* qui avait joué au party de l'Halloween. Le groupe du beau Sébastien. Plusieurs souvenirs revinrent d'un coup. À cette soirée, comme j'avais dansé, comme j'étais bien avec Nico ! Je repensai à ce que nous avions fait ensemble dans la pièce. L'eau me monta aux yeux et je la retins avec une longue, une très longue gorgée de *rhum&coke*. Ouf ! Ça allait mieux.

Je sentais le désir dans le regard de Jérémie et ça me faisait du bien; rejetant la tête en arrière, je chassai le fantôme de Nico. Je me demandais si d'autres membres du *band* allaient venir lorsque Sébastien arriva autour de dix heures. Nous avons écouté de la musique, j'ai rencontré beaucoup de monde et j'ai même parlé un peu avec Sébas qui se souvenait de m'avoir vue au party d'Halloween. Ça me fit tout drôle. Si même lui m'avait remarquée, c'est que je n'étais pas si mal, après tout. Dieu qu'il était beau !

Vers onze heures et demie, je songeai à rentrer. J'étais ivre; pas complètement soûle, mais assez éméchée. Je demandai à Jérémie s'il pouvait me raccompagner et il me fit un grand sourire. Ses yeux brillaient. Nous avons salué tout le monde et sommes descendus au rez-de-chaussée. Mais juste avant de sortir, Jérémie m'a prise dans ses bras et m'a embrassée. Puis il s'est mis à me caresser, et comme c'était agréable, je l'ai laissé faire. Il m'a entraînée dans une chambre où se trouvait un petit lit où il me fit m'étendre. Il était excité, ça se sentait, et m'embrassait de plus en plus passionnément. Jérémie n'était pas Nico, mais il était quand même pas mal et j'étais flattée qu'il s'intéresse à moi. Quand sa main se glissa sous mon chandail, je repensai à Nico, au plaisir qu'il me faisait ressentir, au bonheur dans lequel il m'avait plongée. Je voulais retrouver ce bonheur-là; il était trop injuste que j'en sois privée. Ma tête tournait, mais les caresses de Jérémie n'étaient pas désagréables, loin de là. Il déboutonna mon pantalon et glissa sa main entre mes cuisses. L'image de Nico se superposait à la sienne. J'entendais de drôles de choses dans ma tête, de petites voix qui se contredisaient, me disant que je devais me relever, lui dire d'arrêter, que je n'étais pas amoureuse de lui, que j'étais en train de faire une grosse bêtise, et une autre me disant qu'il n'y avait aucun mal à se faire du bien, que Jérémie était gentil et que lui, il l'était peut-être, amoureux, et que c'était bien suffisant. Pourtant… il manquait quelque chose. Ce quelque chose qui fait toute la différence, qui fait battre le cœur encore plus vite, qui donne chaud jusqu'aux os. Je me laissai tout de même bercer par l'illusion d'être dans les bras de Nico, et mon corps réagit aux caresses, se laissa aller au plaisir.

Jérémie se releva; je devinai qu'il retirait son pantalon et entendis un bruissement légèrement familier. Un condom? Ah! il allait donc me faire l'amour. Je ne m'y opposai même pas. C'était comme ça. Il fallait bien que mon corps serve à quelque chose, et si Nico n'était plus là pour s'en occuper, eh bien! ce serait Jérémie! Il se coucha sur moi, m'embrassa et me caressa encore un peu, puis je sentis son pénis frotter tout contre mon sexe et je le sentis pousser. Je me sentais comme en dehors de mon corps. Je n'en avais pas particulièrement envie, mais je n'avais rien contre non plus. J'étais comme engourdie.

Puis, il glissa en moi. Il était plus gros que Nico, et me fit un peu mal. Mais la douleur finit par disparaître à mesure qu'il accélérait. C'était presque bon. Je n'avais pas tellement envie qu'il m'embrasse, mais il le faisait quand même en me disant des choses comme:

— Si tu savais depuis combien de temps je rêve à ça! T'es tellement belle!

Et ça me faisait du bien. Je perdis la notion du temps. Je ne savais pas s'il était en moi depuis seulement quelques secondes ou plusieurs minutes. Je n'étais là qu'à moitié. Soudainement, mes yeux se remplirent de larmes et je ne pus pas, cette fois, les retenir. Jérémie accéléra encore davantage et poussa de plus en plus loin en moi. Il avait le souffle court, gémissait dans mon oreille, et j'aurais aimé ressentir autant de plaisir que lui, mais je n'y arrivais pas, insensible. Puis il jouit et se retira presque tout de suite. J'appréciai la noirceur ambiante, car mes larmes coulaient toujours, doucement, régulièrement, calmement, comme un petit ruisseau constant. Je n'aurais pas voulu que Jérémie les voie, car il aurait pensé que c'était à cause de lui. Je ne savais pas vraiment pourquoi je pleurais, mais je savais qu'il n'y avait aucun rapport avec lui. Tout ce dont j'étais certaine, c'était que je me sentais comme une coquille vide, un corps sans âme qui venait de vivre quelque chose qui aurait dû être bien différent. Ce partage, cette envie de faire plaisir autant à l'autre qu'à soi-même était bien loin de ce qui venait de se produire, et j'étais choquée. Je n'arrivais pas à croire que je venais de faire ça, moi, et mes larmes coulèrent de plus belle.

Jérémie vint se coucher près de moi et essaya de me prendre dans ses bras, mais je me dégageai, prétextant que je devais vraiment retourner au chalet. Je ne lui avouai pas que c'était surtout parce que j'avais besoin d'être seule ni que je me sentais mal, que j'avais même honte de ce que je venais de le laisser faire, que je voulais être n'importe où pourvu que ce soit ailleurs. Il n'avait pas besoin de savoir ça.

* * *

Le lendemain, je me réveillai avec un mal de tête terrible. J'étais un peu perdue et j'avais du mal à revenir sur la terre. Quel jour étions-nous ? Ah, oui ! dimanche. Puis, je me souvins de la soirée de la veille. Le rhum, la musique, Jérémie. Dans la lumière vive du petit matin, il me semblait impossible que ce dont je me souvenais soit réellement arrivé. J'avais vraiment couché avec lui ? Mais pourquoi avais-je fait ça ? Je ne l'aimais pas, j'en étais certaine. Ce n'était pas le millième de ce que j'avais ressenti avec Nico. Je n'avais pas eu envie de le faire. Alors, pourquoi ? J'avais des flashes, son haleine, sa peau sur la mienne. Puis dans mon ventre, quand il me faisait l'amour. L'amour. Ouais. Je me sentis mal. Ma tête allait éclater, et j'avais la nausée. Je me trouvais tellement idiote d'avoir fait ça ! Je ne pouvais certainement pas dire qu'il m'avait forcée ou même qu'il avait fini par me convaincre après de nombreux efforts. Il n'avait même pas eu besoin de faire ça. J'avais agi avec lui comme une vraie petite putain. Moi ? J'en étais rendue là ?

Un frisson me secoua le corps entier et j'eus à peine le temps de me rendre à la salle de bains avant de vomir. Mon ventre se tordait. Ouache. Je réussis à me lever et à faire face à mes parents en souhaitant qu'ils ne se rendent compte de rien; mais ils avaient tous les deux une tête d'enterrement et à la façon dont ils se regardaient, j'aurais juré qu'ils allaient se sauter dessus. Je mangeai du bout des lèvres en espérant reprendre des forces et partis sans me faire prier.

À l'école de ski, Émmie m'accueillit avec un énorme sourire :

— Salut, Ély ! Y a quelqu'un qui avait hâte que t'arrives ! C'est cool que tu sortes enfin avec Jérémie ! Depuis le temps qu'il tripe sur toi…

Oh, oh ! Problème. Je n'avais pas envie de voir Jérémie aussi tôt et j'espérais l'éviter, mais il m'avait vue arriver et se tenait déjà devant moi. Il me prit dans ses bras et m'embrassa le cou.

— J'ai pensé à toi toute la nuit.

— Euh, hum, ouais...

— Faut que je m'en aille, j'ai un cours ! On s'attend pour dîner, OK ?

— Ouais, OK...

Ouf ! Je m'étais aventurée dans quelque chose. Je n'avais tellement pas envie de gérer ça maintenant ! Je voulais juste cesser d'avoir mal à la tête. Heureusement, mon avant-midi était bien rempli. J'avais donc quelques heures devant moi pour réfléchir.

Il arriva un peu après midi à la cafétéria et essaya de m'embrasser. Je détournai légèrement la tête... Il me regarda.

— Jérémie, je voudrais te parler.

— OK. On va se chercher à manger avant, je meurs de faim !

Nous avons fait la queue. Je n'avais évidemment pas envie de manger. J'étais nerveuse et me détestais pour ce que j'avais fait et ce que je devais faire. Mais il le fallait. Plusieurs autres moniteurs étaient installés à une table. Jérémie eut envie de les rejoindre, mais je choisis un autre endroit plus en retrait. Aussitôt assise, je pris une longue inspiration et lui dis :

— Jé, hier soir...

— Oui, hier soir, j'ai passé une vraiment belle soirée.

— Moi aussi, mais...

— Mais quoi, Ély ?

Une autre très, très profonde inspiration.

— Mais j'aurais pas dû. Je t'aime bien, Jé, mais j'suis pas amoureuse de toi et je voudrais pas que tu penses que...

Son regard se durcit.

— Tu voudrais pas que je pense quoi ? Qu'on sort ensemble ? Que j'ai été assez épais pour croire que t'avais le goût qu'on soit ensemble, toi aussi ? Finalement, hier soir, ça voulait rien dire pour toi, hein ?

Il regarda son assiette sans dire un mot. Puis, il ajouta, presque hargneux :

— Tu t'es, comme on dirait, servi de moi, hein ? Tu m'as fait marcher juste pour voir si tu pourrais oublier ton Nico. Je me trompe ?

— Je me suis pas servie de toi, Jérémie.

— Bin, en tout cas, je vois bien que tu ressens pas la même chose que moi ! Tu viens de le dire toi-même. Pourquoi tu m'as fait croire que je t'intéressais ?

— Je sais pas, je sais rien, j'suis toute mêlée ! Je sais pas si je l'aime encore, j'pense que oui, même si je sais que je devrais pas ! Je peux pas m'empêcher de penser à lui tout le temps. T'es super fin, j'aime ça être avec toi, mais je t'aime plus comme un ami.

Il se leva, prit son cabaret et me regarda. Il avait l'air triste.

— Bin moi, Ély, je t'aimais plus que comme ami. J'ai pas le goût d'être juste ton ami. Si c'est rien que ça que t'as à m'offrir, j'vais laisser faire, OK ? J'ai assez d'amis de même. Ce que je veux, c'est une blonde. J'aurais aimé que ce soit toi, ma blonde, mais je fais pas pitié non plus ! Si tu veux pas de moi, c'est correct, j'aurais juste aimé ça que tu me le dises avant de me laisser croire plein d'affaires ! Je pensais pas que t'étais de même. Je pensais pas que t'aurais couché avec un gars juste pour le fun...

— Je suis pas de même, Jé !

— Ouais, bin, c'est pas ça que tu viens de me montrer ! En tout cas, salut, Ély.

Et il partit rejoindre les autres moniteurs. Je me retrouvai seule à la table devant un plateau de nourriture qui ne me disait absolument rien. Ouf ! Ça ne s'était pas très bien passé… En quelques minutes à peine, je venais de perdre un ami et de lui faire voir un côté de moi pas très joli, dont je n'avais même pas soupçonné l'existence. Dégoûtée, autant de moi que de la situation dans laquelle je nous avais mis, Jérémie et moi, je me levai, laissant tout sur la table, et sortis. J'avais le temps d'aller skier un peu avant ma prochaine leçon.

Chapitre 13

Les montagnes russes

Au remonte-pente principal, je pris l'allée réservée aux moniteurs et je vis Sébastien. Il me regarda, me fit signe de l'attendre et moi, belle idiote, je l'attendis. Il était avec Jérôme, son claviériste, et un autre gars que j'avais rencontré la veille, mais dont j'avais oublié le nom. Il les laissa derrière pour monter avec moi.

— T'es toute seule ?

— Oui, je suis encore sur mon heure de dîner. J'ai un cours à donner tout à l'heure.

Nous avons parlé de tout et de rien. De son *band*, qui avait été forcé de s'arrêter le temps de trouver une nouvelle chanteuse et un batteur.

— Les deux sont partis ? Qu'est-ce qui est arrivé ?

— Oh ! Le batteur, Fred, ça faisait un bout de temps qu'on savait qu'il cherchait ailleurs. Il avait envie d'essayer un autre style de *band*. Sarah-Jeanne, elle, je sais pas c'était quoi son problème, mais elle nous a lâchés après le party d'Halloween. Jérôme était découragé. Lui aussi, il a essayé de jouer avec d'autres, mais finalement, il est revenu.

— C'est dommage. Elle était bonne, la chanteuse.

— Ouain, pas pire, mais vraiment un peu jeune.

Je ne dis rien. Elle avait le même âge que moi!

Il sembla réaliser ce qu'il venait de dire et ajouta:

— Elle était trop jeune pour comprendre qu'y a un prix à payer pour jouer dans un bon *band*. C'est pas grave. De toute façon, on veut faire des bars, pis elle a pas l'âge.

Je me souvins soudainement de la fin du party d'Halloween, de la façon dont Sarah-Jeanne nous avait bousculés, Nico et moi, et de l'état dans lequel elle était. Qu'est-ce qui était arrivé au juste? Est-ce que cette soirée avait un lien avec ce que Sébastien venait de dire? Je me promis d'essayer d'en savoir davantage. Sébastien poursuivit:

— En attendant, on s'enligne sur le Festival des arts. On a envoyé un démo pour le show de cette année. On pensait que le *band* était mort, mais non. Je connais un autre batteur qui pourrait être prêt, pis on a décidé que Jérôme et moi on pouvait chanter. Pas besoin d'une autre chanteuse pour le moment.

— Ah, oui! Ça fait un bout de temps que je suis pas allée au festival. Ça arrive souvent pendant les compétitions de fin d'année en ski. Mais cette année, je pense que je vais aller faire un tour.

Nous arrivions au sommet. J'avais juste assez de temps pour faire une ou deux descentes. Comme Sébastien et ses amis se dirigeaient vers la piste de planche à neige, je les ai salués et m'apprêtais à partir quand Sébastien demanda:

— Hey, est-ce que tu sors avec Jé ?

— Euh, non. On est des amis, c'est tout.

— Donne-moi donc ton numéro de téléphone, d'abord. Peut-être qu'on pourrait aller au cinéma un moment donné ?

J'acceptai, évidemment, et il le programma sur son cellulaire. J'étais étonnée et très, beaucoup, flattée. Wow ! Ce gars-là m'avait demandé mon numéro de téléphone, à moi ? Eh bien ! Tant pis pour Jérémie. Ce qui venait de se passer avec lui se retrouvait relégué bien loin dans mes pensées. Puis, je me surpris à me dire que si Nico me voyait avec un gars comme Sébas, peut-être que ça le réveillerait... Ça devenait intéressant ! C'est le cœur beaucoup plus léger et avec un sourire étrange aux lèvres que je terminai l'après-midi.

* * *

Sébastien ne me téléphona pas de la semaine. Je le revis par hasard durant la semaine de relâche que je passais au chalet. J'avais plusieurs cours; c'était une période d'affluence assez payante pour moi. Presque chaque soir, nous nous retrouvions, plusieurs moniteurs et amis, soit chez l'un ou chez l'autre, à boire du rhum en cachette et à écouter de la musique. Le mercredi soir, je sortis avec Émmie et une autre fille que je ne connaissais pas beaucoup. Nous avions décidé d'aller jouer aux quilles. Émmie avait apporté sa petite bouteille, et moi, j'avais versé un peu du rhum de mon père dans une bouteille d'eau. Nous avons ri et fait toutes sortes de folies. Après quelques heures, nous en avons eu assez et sommes parties pour la salle de billard. Nous marchions dans les rues en chantant et en riant. Nous n'avions presque plus de rhum, mais ce n'était pas grave. Nos autres amis auraient bien quelque chose d'intéressant. Nous avions passé l'heure d'être difficiles.

Quand nous sommes arrivées à la salle de billard, l'endroit était plein. Nous avons acheté des boissons énergisantes parce que là, l'effet du rhum commençait à s'estomper. Puis, bang! Toutes les couleurs brillantes envahirent le décor à nouveau; nous dansions, nous parlions trop fort, c'était fou. C'est là que Sébastien est arrivé, avec une fille que je reconnus vaguement comme étant une des bonniches sexy du party d'Halloween. Je ne savais pas trop si je devais être déçue parce qu'il ne m'avait pas appelée, fâchée parce qu'il était avec une autre fille ou contente parce que, dès qu'il m'eut aperçue, il vint me voir. J'avais un peu de mal à me tenir droite, je n'articulais pas très bien et je riais constamment. Sébastien s'approcha, mit sa main autour de ma taille et me dit:

— Salut, ma belle! J'ai pas eu la chance de t'appeler, mais j'y pensais pour la semaine prochaine!

— Ah oui? Bin, on verra ça, hein?

Je ris. J'aimais tellement tout trouver drôle, comme ça! C'était nettement mieux que de toujours pleurer, non ? Sa main sur ma taille brûlait. Je me demandais s'il allait vraiment me téléphoner ou non. Mais il y avait l'autre fille...

— Qu'est-ce que tu fais à te coller de même ? Ta blonde sera pas contente !

Ce fut à son tour de rire.

— Ma blonde ? Elle ? Ah, non ! c'est pas ma blonde, ça ! C'est juste une amie. T'sais ? J'aime ça, avoir beaucoup d'amies.

Il me fit un clin d'œil, et je ne trouvai rien à répondre. Je me surpris à avoir des pensées pas très innocentes et je mis mon bras autour de son cou. Alors, je lui dis de m'appeler, qu'on pourrait faire quelque chose. Je ne me souviens vraiment pas des mots exacts et encore moins de sa réponse, mais il s'est éloigné. C'est un peu flou, mais je me rappelle que c'est à ce moment-là qu'Émmie m'a regardée, pleine d'admiration dans le regard.

— Wow, Ély ! Je pense bien qu'il va finir par se passer quelque chose avec lui, hein ? Chanceuse ! Il est tellement *hoooooot* !

— Ouain, y est pas pire.

Je ris de plus belle et Emmy se joignit à moi.

* * *

Sébas m'a téléphoné quelques jours plus tard. Son *band* n'avait pas été choisi pour le festival, mais il trouvait que c'était une bonne chose, finalement, car ils n'auraient pas eu assez de temps pour préparer le nombre de chansons nécessaires. Il ne savait pas qui avait été sélectionné, mais il avait entendu dire que Hors La Loi était le groupe vedette. J'adorais ce groupe !

Enfin, Sébas me demanda si je pouvais aller avec lui au festival. Je lui dis que oui et il m'offrit de venir me chercher si j'avais envie que nous y allions ensemble. Je n'en croyais pas mes oreilles ni ma chance. Dans moins de deux semaines, j'irais au Festival des arts avec Sébastien Beaudry. J'essayais d'imaginer la tête que ferait Nico en me voyant avec lui ! J'étais persuadée qu'il serait là, surtout si Hors La Loi faisait un spectacle gratuit. Est-ce que j'allais pouvoir me venger un peu ? Ou lui montrer que ma vie continuait et que je n'avais pas, du moins en apparence, besoin de lui ? Cette pensée me fit du bien. Je ne savais vraiment plus où en étaient mes sentiments envers lui. Ni avec Sébas, d'ailleurs. Cependant, pour la première fois depuis que je ne sortais plus avec Nico, je m'intéressais à quelqu'un d'autre, et pas n'importe qui ! Qu'importait, au fond, si j'avais juste envie de m'amuser un peu avec le plus beau gars que je connaissais ? Sortir avec lui un soir ne m'engageait à rien. Je n'allais certainement pas répéter la même erreur qu'avec Jérémie ! Une pensée troublante me vint à l'esprit. Jé m'avait accusée de m'être servie de lui pour tenter d'oublier Nico et je l'avais nié. Avait-il eu raison ? N'était-ce pas un peu ce que j'avais l'intention de faire avec Sébas ?

Non. Je n'étais pas comme ça. Il était vraiment très beau, intéressant, et j'aurais certainement envie de mieux le connaître, peut-être même de sortir avec lui régulièrement si ça devenait une possibilité.

Mais j'allais trop vite. Il ne s'agissait que d'aller au festival, quand même! Quoi qu'il arrive, je me jurai bien d'attendre d'être bien certaine de ce que je voulais avant de faire quoi que ce soit d'intime avec Sébas. Il me plaisait beaucoup, mais je le connaissais à peine. J'avais tout de même appris une bonne leçon avec Jérémie et je ne voulais plus revivre l'horrible sentiment de vide et de dégoût de moi-même qui m'avait presque étouffée. Non, pas question de revivre ça.

Il ne me restait qu'à expliquer à ma mère qu'il serait plus simple que je passe la nuit à la maison plutôt que de revenir au chalet à la fin de la soirée. Je m'attendais à ce qu'elle me fasse un interrogatoire en règle: qui venait me chercher, avec qui je passerais la soirée, numéros de téléphone et tout le reste, mais ce fut mille fois plus facile que je l'avais imaginé. En fait, elle avait l'air dans la lune, ailleurs; elle avait presque toujours les yeux rouges, maintenant, et elle avait perdu du poids. J'aurais dû m'inquiéter, mais comme son état semblait la distraire de mon emploi du temps, ça me convenait plutôt bien.

— T'as l'air d'aller mieux, Ély. Je suis bien heureuse de te voir de même. Au moins, tu sors, tu t'amuses. Il était temps! Si tu me promets de garder ta tête sur tes épaules, je suis d'accord. Mais téléphone-moi pendant la soirée pour me dire où tu es et ce que tu fais. Ce gars-là, Sébas, il est correct ? Tu lui fais confiance, autant pour conduire que pour le reste ?

— Bin oui, maman, très correct. Si je lui faisais pas confiance, je sortirais pas avec lui. Tu peux être tranquille.

— D'accord. Tu sais que c'est le père de Mélo qui organise le festival. Il va être là et aussi Josée, sa mère. Si tu as un problème pour retourner à la maison ou quoi que ce soit, tu vas les voir, d'accord ?

Aussi facile que ça.

* * *

Je trouvais que ces deux semaines d'attente n'en finissaient plus. J'allais à l'école normalement, je ne me concentrais pas tellement, mais ce n'était pas grave. Je me sentais bien et j'avais réussi, par quelque mystérieux miracle, à faire remonter mes notes suffisamment pour ne plus inquiéter qui que ce soit. Le soir, j'écoutais de la musique en regardant mes dernières photos. Depuis que j'avais recommencé à en prendre, il me semblait qu'elles étaient encore meilleures. Marilou m'encourageait beaucoup. Elle s'était inquiétée de moi les semaines suivant la rupture avec Nico, et je n'avais pas été très gentille avec elle. Je l'avais volontairement éloignée, comme plusieurs autres de mes amies, d'ailleurs. Mais quand je lui montrai mes plus récentes photos, elle les admira avec enthousiasme. Elle se réjouissait aussi du fait que j'avais l'air d'aller mieux. Oui, il me semblait, à moi aussi, que j'allais mieux. Probablement parce que je n'avais pas revu Nico. Peut-être aussi parce que je savais que je le verrais bientôt et que je lui causerais sûrement un choc. Il ne pourrait certainement pas rester indifférent en me voyant avec Sébastien.

Depuis l'annonce de cette sortie, d'ailleurs, plusieurs de mes amies de l'école me regardaient autrement. Certaines avaient l'air de ne pas comprendre comment il se faisait que moi, Ély, j'allais passer cette soirée avec un gars comme lui. Ah! Je les laissais parler. Eugénie me dit même un jour:

— Ély, t'es bien sûre que tu veux aller là avec lui?

— Bin oui, je suis sûre. T'en aurais pas envie, à ma place?

— Oui, évidemment. Qui voudrait pas sortir avec lui? Mais il se tient avec du monde un peu...

— Un peu quoi?

— Bin, y a un de ses amis qui a genre vingt ans, pis y a les trois greluches.

— Faut croire qu'elles sont plus dans le portrait, sinon y m'aurait pas invitée!

— C'est vrai… J'ai entendu dire qu'elles sont en chicane.

— Bon, c'est ce que je te disais!

— Ouain, peut-être. Mais fais attention. Je pense

que c'est pas toujours un gars super correct. Y a toutes sortes de rumeurs...

— T'es fine de t'inquiéter, mais j'ai pas l'goût de l'avoir comme chum, en tout cas, pas pour le moment. Je vais juste sortir avec lui un soir, voir comment il est. On verra après !

— Oui, pis Nico va sûrement être là.

— Ah, tiens ! J'y avais pas pensé ! répondis-je en lui faisant un clin d'œil.

Elle ne rit pas. De toute évidence, elle ne m'approuvait pas. Mais je n'en avais que faire : c'était ma vie, pas la sienne.

Chaque fois que je voyais une affiche annonçant le spectacle de Hors La Loi, je devenais plus excitée. J'avais même vu une photo du groupe qui devait jouer avant eux et avais reconnu Sarah-Jeanne, l'ancienne blonde et chanteuse de Sébas, et un des musiciens. Sébastien l'avait-il vue, lui aussi ? Était-il fâché que le groupe de son ancienne chanteuse ait été choisi, plutôt que le sien ? Je n'en savais rien.

Quand il est venu me chercher le fameux samedi soir, il n'est même pas descendu de voiture. Il m'a téléphoné pour me dire qu'il arrivait, et je suis allée le rejoindre dehors. Mes parents voulaient le rencontrer, mais il m'a expliqué qu'il était déjà tard et qu'il fallait y aller. Il ne voulait pas manquer le spectacle, surtout le *band*, probablement pourri, qui jouait en première partie. Cette dernière remarque me fit drôle. De toute évidence, il savait que c'était le *band* de Sarah-Jeanne et de Frédérick, et avait bien l'air de leur en vouloir. Je n'étais pas certaine de bien comprendre pourquoi ni si c'était vraiment le cas, alors je choisis de ne pas poser de questions.

Nous devions passer chez son ami Yannick avant de nous rendre au spectacle. Je reconnus la maison, celle-là même où avait eu lieu le party d'Halloween, et je fus surprise de voir Sébastien descendre de la voiture. Je croyais qu'il était pressé? Peut-être, après tout, n'avait-il juste pas eu envie de rencontrer mes parents. Eh, bien! Pas très sociable, le beau gars! Je descendis avec lui et entrai chez Yannick. Il était avec une fille blonde pas très bavarde qui ne me fit qu'un vague salut. Nous nous sommes installés au sous-sol et Sébastien m'a passé une bouteille de gin, en mélangea avec du seven-up et s'en servit un grand verre qu'il but d'un trait. Je bus aussi, histoire de me détendre, car j'étais un peu mal à l'aise. Normal. Je ne connaissais presque pas Sébastien — il m'intimidait tout autant que Yannick, d'ailleurs, avec ses longues mèches blondes et ses allures de *rock star*. Le gin me fit du bien. Puis Yannick donna le signal du départ:

— On y va, Sébas? Faudrait pas manquer le *band* de *losers*! J'ai trop hâte de voir ça. Ça doit être amateur pas à peu près!

— Ouais, mets-en! Je peux toujours pas croire que Fred joue avec ces pétasses-là!

Ils ricanèrent, et ça me fit un effet étrange. Ce rire n'avait rien de drôle ni même de moqueur. C'était grinçant, méchant, même.

J'essayai de faire la conversation avec la fille qui accompagnait Yannick, mais elle avait l'air perdue, peut-être défoncée à quelque chose; elle riait pour rien, d'un petit rire innocent, et ne faisait que se coller contre Yannick sans nous prêter le moindre intérêt. Je n'étais pas vraiment étonnée à l'idée qu'ils consomment de la drogue. Beaucoup de monde en faisait autant, après tout, sans devenir des drogués finis pour autant. Moi, personnellement, ça ne m'intéressait pas, mais chacun ses affaires, pourvu qu'ils respectent mes choix à moi!

Sébastien conduisait vite, mais il avait l'air sûr de lui. Je n'étais pas vraiment inquiète, seulement un peu incertaine. Juste avant de sortir de la voiture, Sébas m'a passé sa bouteille de gin puis a laissé Yannick et sa copine se servir. Il n'y avait plus rien de mélangé avec, et c'était très fort. Mais il m'encouragea à en prendre une gorgée, puis une autre. Ça brûlait, c'était assez méchant, mais l'effet a été presque immédiat. Je me sentis légère, et mes appréhensions s'envolèrent. Je regardais Sébastien et je le trouvais beau. Très beau, même. S'il essayait de se retrouver seul avec moi quelque part pour m'embrasser, je ne dirais sûrement pas non. Je ne coucherais quand même pas avec lui, pas ce soir en tout cas! Mais peut-être une autre fois, si toutefois il s'intéressait toujours à moi.

En arrivant à l'aréna, je devins beaucoup plus excitée. Il y avait déjà beaucoup de monde. La scène était éclairée de quelques spots turquoise et mauves, parfaits pour donner de l'ambiance à cet aréna que j'en étais venue à détester. Les gars nous ont rapporté de la bière et je remarquai que Sébas commençait à agir un peu bizarrement. Il avait déjà l'air un peu soûl, même si la soirée ne faisait que commencer. Ça ne m'inquiétait qu'à moitié, sans doute parce que je me sentais moi-même assez joyeuse.

Je prenais des photos d'un tas de choses que je trouvais intéressantes : de la scène, où s'activaient quelques techniciens, plaçant un amplificateur ici, un pied de micro là, des gens qui parlaient. J'ai pris des photos de Sébas, qui s'amusait à prendre des poses, mais je n'aimais pas le résultat. Ses beaux yeux étaient à moitié fermés; il avait l'air plutôt arrogant. C'était comme si, à travers mon objectif, je le voyais différemment. L'appareil-photo peut être cruel, et il ne lui faisait pas de faveur ce soir-là. Oh ! Sébas était beau. Très, très beau, même; mais les poses qu'il prenait, qu'il voulait désinvoltes, le faisaient avoir l'air prétentieux, trop sûr de lui. Pour la première fois, je me demandai un peu ce que je faisais ici, avec lui. Puis, en faisant le tour de la salle à travers l'objectif de mon appareil-photo, je le vis. Nico. Il était avec des gars de son équipe de hockey que je reconnaissais, mais nulle trace de Gabrielle.

Je cessai de respirer. Mon cœur se mit à battre trop fort. Il était là, tout près; je pouvais presque le sentir. Il était plus beau que jamais. Portait-il toujours l'eau de toilette que je lui avais offerte? Sortait-il toujours avec Gabrielle? Au moment où Nico tourna enfin la tête vers moi, Sébastien me prit par le cou et je m'en rendis à peine compte. Les rayons laser de Nico venaient de s'accrocher à mes yeux et j'étais figée. Il cligna des yeux et considéra Sébas, puis me regarda à nouveau. Il avait l'air triste, semblait ne pas comprendre. Sébas suivit mon regard et salua Nico de la main avant de m'entraîner vers la foule puisque le spectacle allait commencer. Je me retournai un dernier instant; Nico me regardait toujours, avec tant d'intensité que j'étais certaine que j'allais m'enflammer sur place.

Sur la scène, le spectacle commençait. Qu'avait pensé Nico en me voyant avec Sébas? Qu'est-ce qui se passait dans sa tête en ce moment? J'avais voulu le rendre jaloux, le faire réagir, mais je n'étais plus certaine d'avoir bien fait. Je n'avais pas vu Gabrielle, alors peut-être que je venais de manquer ma chance de me rapprocher de lui? Ahhh! Trop de questions en même temps. J'étais incapable de réfléchir. Pour tenter de reprendre mes esprits, et surtout pour essayer de penser à autre chose, je pris quelques photos des membres d'Existence, le nouveau groupe de Sarah-Jeanne. Ils avaient l'air nerveux mais excités.

Ils affichaient tous un air de concentration extrême tandis qu'une fumée artificielle se répandait sur la scène. Ils commencèrent à jouer et je n'eus aucun mal à me laisser transporter par la musique. C'était magique, vraiment bon. Bon dans le genre où ça prenait aux tripes. La voix de Sarah-Jeanne était forte, juste, claire. Elle chantait merveilleusement bien et les autres musiciens étaient tout aussi talentueux. La fille qui jouait du clavier était particulièrement fascinante. Elle avait l'air totalement absorbée dans sa musique.

Nous avons continué de nous rapprocher de la scène et, plus j'avançais, plus j'étais subjuguée. Je pris des photos de Sarah-Jeanne et des autres. Ils jouèrent encore quelques pièces et je crus que Sarah-Jeanne et Sébastien se regardaient; cela dura un bon moment, durant lequel il me sembla que Sarah-Jeanne chantait encore plus intensément, presque comme pour lui montrer ce qu'elle était capable de faire. Juste une impression ? Peut-être pas.

Sébas leva son verre de bière dans sa direction et lui fit même un petit salut. Amical ? Sarcastique ? Je n'en savais trop rien. Puis il plaça son bras autour de mes épaules et plaqua ses lèvres contre les miennes, forçant sa langue dans ma bouche, comme pour se donner en spectacle. Je tentai de me dégager, mais il me tenait solidement. J'aurais juré qu'il venait de m'utiliser pour régler un petit compte personnel et je n'aimais pas ça.

Sébastien et Yannick ont décidé de retourner au fond de la salle. Je ne voulais plus rester là de toute manière. En me retournant, j'arrivai face à face avec Nico. Sébas me tirait par la main, mais j'étais prisonnière, une fois de plus, du regard de Nico. Il avait tout vu, évidemment, et me regardait étrangement. Je tentai de lui dire beaucoup de choses avec mes yeux. J'avais la gorge et la bouche en papier sablé et un énorme trou là où mon cœur se trouvait auparavant. Puis, je perdis de vue Nico.

Sébastien avait l'air furieux. Il me laissa plantée là avec la copine de Yannick et partit chercher de la bière. C'est à ce moment-là que je vis Mélo qui s'approchait de moi. Elle me regarda, les yeux plissés, et dut crier pour se faire entendre :

— Ély ? Ça va ? T'es toute pâle !

— Oui, ça va...

Elle était avec Jonathan, un gars de mon ancienne école, et ils avaient l'air amoureux. Tout le monde avait l'air amoureux. Je réussis à sourire, et Mélo reprit la parole, s'approchant de mon oreille cette fois pour ne pas avoir à crier plus fort que la musique :

— Écoute, Ély, j'ai vu que t'étais ici avec Sébastien Beaudry...

— Oui !

Je tentai d'avoir l'air heureuse de ce fait. Mais l'expression sur le visage de Mélo me fit tout drôle. Elle continua en me prenant le bras cette fois :

— Ély, c'est un écœurant, ce gars-là. Je comprends mal que tu sois avec lui. Pousse-toi pendant qu'il est encore temps, tu vas juste te faire blesser.

— Bin voyons, il est super fin !

— Tu le connais depuis longtemps ?

— Pas vraiment, c'est la première fois qu'on sort ensemble.

— Ély, fais attention, OK? Fais-lui pas confiance une miette. Tout ce qu'il veut, c'est collectionner les filles et pas toujours de la meilleure façon...

— OK, Mélo, merci, mais j'suis une grande fille. Je suis quand même capable de reconnaître un bon gars d'un cave !

Je n'avais pas envie ni besoin de me faire faire la morale. Ce qu'elle disait me dérangeait. Sébas ne pouvait quand même pas être si pire. Ce gars-là n'était tout de même pas un maniaque ! Mélo restait là, le regard fixé au mien, et c'est moi qui baissai les yeux la première. Elle me prit la main et la serra un moment avant de partir, un air triste et inquiet au visage.

Quand Sébastien revint avec la bière, il était visiblement soûl et ne cessait pas de bougonner, sans que je comprenne ce qu'il disait. Yannick, lui, était fidèle à lui-même avec l'air mauvais qu'il arborait depuis le début de la soirée. Tout à coup, j'aurais voulu me trouver ailleurs, n'importe où. Existence termina sa prestation sous les applaudissements enthousiastes de la foule. Je regardai les membres du groupe descendre de la scène et se faire accueillir chaleureusement par leurs amis, dont Mélo et Jonathan, et d'autres qui devaient être des membres de leur famille. On les arrêtait, on les félicitait, et j'en profitai pour prendre d'autres photos. Elles étaient belles. Vraies. Sarah-Jeanne pleurait et riait en même temps. Trop d'émotions, sans doute. Le batteur lui tenait la main; ils avaient l'air amoureux. Clic. Encore des amoureux.

J'avais hâte que Hors La Loi commence son spectacle. Sébastien voulut une fois de plus s'approcher de la scène et, en chemin, il aperçut les membres d'Existence. J'espérais qu'il ne lui viendrait pas l'idée d'aller les voir, pour semer le trouble ou dire des conneries... Mais mon souhait ne s'exauça pas. Il s'approcha de Frédérick, le batteur, et lui dit, d'une voix pâteuse à peine compréhensible:

— Tiens, tiens, Fred. Tu m'avais caché tellement de choses! Ça t'amuse de monter un *band* avec nos *rejects*? C'est vrai que c'était pas pire comme show, dans le genre *dark*, mais quand même... Pis là, t'aimes les petites fi-filles, astheure? Eh bien! *Man*, amuse-toi! De toute manière, on a vu ce qui avait à voir avec ces deux-là, on te les laisse!

J'étais certaine que Frédérick allait le frapper, mais un des autres musiciens s'approcha et lui dit quelque chose à l'oreille. Je n'avais pas vraiment envie d'en entendre davantage. De toute évidence, il s'était passé des tas d'histoires entre eux, et moins j'en savais, mieux c'était. Sébastien me prit par la taille et se retourna. Il avait une main sur ma fesse comme pour les narguer et de l'autre, il leva le majeur bien haut en guise de salut. J'essayai encore une fois de me dégager, mais il s'appuyait contre moi, comme si je l'empêchais de tomber, ce qui était probablement le cas…

Nous nous sommes avancés dans la foule, Sébas titubant dangereusement. Juste avant que le spectacle commence, je vis Yannick sortir quelque chose de sa poche et le déposer dans la main de Sébas. Je n'avais aucune idée de ce dont il s'agissait, mais celui-ci porta la main à sa bouche et avala une gorgée de bière. Qu'est-ce qu'il venait de prendre ? Une pilule ? De la drogue ? Je n'en savais rien, mais décidément, plus cette soirée avançait, plus je m'interrogeais. Les paroles de Mélo qui me revenaient en tête n'arrangeaient rien. Je n'avais pas voulu l'écouter, mais en même temps, elle avait semé le doute.

Hors La Loi commença son spectacle et, pendant plus d'une heure, ils jouèrent toutes les pièces qui les avaient fait connaître. Je me détendais enfin. Sébas, de son côté, semblait plus éveillé, plus solide aussi, et surtout, moins fâché. C'était bien. Enfin, nous pouvions nous amuser un peu. Quand il me prit par la taille et se colla contre moi, je le laissai faire, même si j'avais toujours, derrière la tête, une espèce d'inconfort. J'étais incapable d'oublier le regard de Nico et son petit air triste. Que voulait dire cette expression sur son visage ? Qu'il regrettait ? Qu'il était déçu de me voir avec un autre gars ? Je devrais essayer de le revoir; s'il regrettait ce qui s'était passé, j'étais encore prête à tout lui pardonner et à reprendre les choses là où nous les avions interrompues même si j'avais eu si mal que j'avais pensé en mourir. Je scrutai la foule du regard, mais je ne le voyais nulle part. Je dis à Sébas que je devais aller aux toilettes et partis vers le fond de la salle, les yeux grands ouverts. Si je le voyais, j'irais lui parler. Je lui demanderais comment il allait. Et quand il me poserait la même question, je lui répondrais que... eh bien ! je lui dirais que je pensais toujours à lui. Comme ça, il le saurait et s'il était dans le même état, il n'aurait pas peur de me le dire. Et sinon, tant pis. Au moins, il saurait. Un horrible souvenir de notre dernière conversation téléphonique me revint en mémoire et me fit presque changer d'idée. Trop tard. J'approchais des toilettes et il était là. Je m'arrêtai, pris une longue inspiration pour me donner du courage et m'avançai vers lui. J'y étais presque quand je vis Gabrielle revenir avec des verres et lui en tendre un en l'embrassant. Et lui, il l'embrassait aussi. Bien sûr. Pourquoi avais-je pensé qu'il en irait autrement ? Qu'est-ce qui m'avait fait croire que son regard voulait dire quelque chose ? J'avais cru qu'il était seul, mais Gabrielle n'était probablement qu'à la salle de bains ou quelque part ailleurs.

Je me rendis aux toilettes, entrai dans une cabine et mis ma tête entre mes mains. Je ne voulais pas pleurer. Surtout pas. Je me trouvais idiote de m'être encore accrochée à un rêve idiot, d'avoir cru que tout se transformerait en conte de fées. J'étais en colère contre moi-même et je décidai de cesser de regarder en arrière, mais plutôt de foncer vers l'avant. Qu'est-ce qu'il y avait en avant ? Je n'en savais rien. Mais j'étais ici avec un gars de rêve; je n'avais qu'à en profiter et voir ce qui se passerait. Peut-être bien que je pourrais apprendre à le connaître et même que nous pourrions sortir ensemble. L'idée de sortir avec Sébastien me sourit. Il était après tout vraiment beau, avait l'air gentil et était incroyablement populaire. J'étais chanceuse et je devais en profiter. Le petit air triste de Nico devait être dû au fait que j'étais avec Sébastien, un gars plus vieux, plus intéressant que lui. Eh bien ! Tant mieux ! Cette pensée me donna de l'énergie. Tant mieux s'il était triste. Tant mieux s'il était jaloux. Tant mieux s'il avait mal. J'avais même envie de lui en mettre plein la vue.

C'est avec un grand sourire que je sortis des toilettes. Rien à voir avec l'air déconfit que j'avais en y entrant. Je croisai une de mes amies de l'école qui me lança un clin d'œil.

— On dirait que ça se passe bien avec Sébas ! Maudite chanceuse ! On est toute une gang à vous regarder depuis tantôt ! J'ai tellement hâte que tu me racontes !

Oui, j'avais hâte de lui raconter aussi et de voir ce que le reste de la soirée me réservait. J'avais bien vu, moi aussi, ces filles de l'Académie qui me regardaient avec envie. Non, Sébas n'était pas un monstre, ou s'il en était un, il était incroyablement sexy! Je décidai d'oublier tout ce que Mélo m'avait dit. Joyeuse, je fis même exprès pour passer devant Nico et lui envoyer mon plus beau sourire avec un petit salut de la main. Il répondit à mon salut, Gabrielle me regarda d'un petit air gêné, et ça me fit plaisir. *Très* plaisir.

Je retrouvai Sébas et Yannick et demandai s'il restait du gin. Sébas m'en servit, et cette belle chaleur se propagea dans mon corps et dans ma tête. Puis, quand il se colla derrière moi, pendant la dernière chanson de Hors La Loi, ses mains se promenant sur mon ventre et mes hanches, je ne protestai pas. J'avais envie de me sentir désirée, désirable. Et j'espérais bien que Nico ne manquait rien de ce spectacle.

* * *

Hors La Loi sortit de scène après deux rappels, puis la salle commença à se vider. Sébas me tenait par le cou, ce dont j'étais fière. Il me demanda si j'avais envie d'aller avec eux au motel Bellevue où Yannick avait loué une chambre pour pouvoir continuer la fête avec plusieurs autres amis. Je ne voyais aucun mal à poursuivre cette soirée encore un peu; en fait, je n'avais pas envie que Sébas me raccompagne chez moi tout de suite. Si j'avais l'intention de le revoir, je devais bien apprendre à le connaître un peu mieux, non? Je lui dis donc:

— Tu vas quand même pouvoir me ramener à la maison plus tard?

— Bin oui, ma belle, quand tu voudras.

Il me fit un clin d'œil et poursuivit:

— Moi, je vais probablement rester là. On va sûrement continuer le party toute la nuit! Si tu veux rester avec moi, tant mieux. Mais si t'aimes mieux retourner chez toi, c'est OK, j'te ramènerai, à moins que je sois pas en état de conduire...

Je réfléchis quelques instants et me dis que, dans le pire des cas, j'appellerais un taxi si je voyais qu'il ne pouvait pas conduire. J'acceptai donc et téléphonai au chalet pour que mes parents sachent que la soirée se passait bien, que tout était sous contrôle. Sous contrôle... oui. C'est vraiment ce que je croyais à ce moment-là.

Nous sommes arrivés au motel en même temps que plusieurs garçons et filles, certains qui allaient à mon ancienne école, dont Sabrina, la cousine de Sébas. C'est elle qui vint vers moi:

— Salut, Ély. T'es ici avec Sébastien?

— Oui...

— Tu sors avec?

— Euh, bin, pas vraiment... C'est la première fois qu'on fait quelque chose ensemble. Je sais pas trop où ça va aller!

— Bonne chance! Y est pas toujours évident, mon cousin. Je fais juste commencer à le connaître; avant je le voyais pas tellement souvent. Je pensais pas que t'étais son genre de fille, mais c'est cool. Et puis, t'sais, pour ce qui est arrivé...

— Pour moi, c'est du passé, Sabrina.

Elle m'a souri et présenté quelques personnes. Nous avons mis de la musique, avons dansé, et je sentais le regard de Sébastien sur moi, comme un fer chaud. Ça m'enivrait tout autant que le gin que je continuais, l'air de rien, à boire. Curieusement, je n'étais pas soûle. J'étais joyeuse, je me sentais légère, euphorique, mais tout à fait lucide. Presque trop. Sébastien me regardait avec intensité, ses yeux brillaient et il avait un curieux petit sourire aux lèvres. Je le voyais chuchoter des choses à l'oreille de Yannick en me regardant, et je me sentais belle. Nous avons continué comme ça jusqu'à tard dans la nuit.

Je savais que Sébas, Yannick avec sa blonde et quelques autres devaient passer la nuit ici, dans cette chambre. Je n'avais pas du tout envie d'en faire autant et, vers une heure du matin, j'ai eu envie de partir. Sabrina avait quitté le motel avec quelques autres depuis un bon moment et je réalisai, tout à coup, qu'il ne restait plus que moi, Sébastien, Yannick, sa blonde qui dormait sur un des lits et trois autres gars que je ne connaissais presque pas. J'étais fatiguée, et le party tirait à sa fin. Je regardai Sébastien et trouvai qu'il avait l'air bien réveillé et en état de me raccompagner. Parfait.

— Oui, ça sera pas long, ma belle. Je veux juste attendre un petit peu avant de conduire. Quinze ou vingt minutes, pas plus, OK?

Sébastien m'embrassa. C'était vraiment bon. Il embrassait comme un dieu. Je ne me posai pas de questions. J'aurais dû, mais je sais maintenant que je n'aurais jamais pu, même dans mes pires cauchemars, deviner ce qui allait se passer.

Chapitre 14

En route vers l'enfer

Yannick, avachi sur un fauteuil, fouillait dans ses poches. Il se leva et déposa quelque chose dans la main de Sébas qui la porta à sa bouche, comme je l'avais vu faire plus tôt.

— C'est quoi, Sébas ? demandai-je innocemment.

— Oh, c'est rien ! C'est juste un médicament pour mes allergies.

Sébastien pouffa, recommença à m'embrasser et mit ses mains dans mes cheveux. Son baiser était passionné et j'en fondais. C'était presque aussi bon que ça l'avait été avec Nico, mais je restais sur mes gardes. Quelque chose dans son regard me déstabilisait. C'était ses yeux. Ses pupilles étaient tellement contractées qu'elles n'étaient plus que de petits points noirs dans un océan de bleu délavé. Ça leur donnait un aspect mystérieux, fascinant mais aussi un peu inquiétant. Était-ce ce qu'il venait de prendre ? Peu importait, ça ne me regardait pas, après tout. Il me caressa le dos et les côtes, puis les seins. Je frissonnais et je trouvais que, le moment venu, j'aurais sans doute envie d'aller un peu plus loin avec lui. Chaque chose en son temps. Je n'avais rien contre quelques caresses agréables, et évidemment, c'était tout ce qui se passerait ce soir. Nous n'étions tout de même pas seuls! C'était clair que ce n'était pas l'endroit idéal pour ce genre de choses... n'est-ce pas? Tout à coup, je me demandai si lui n'avait pas autre chose en tête. Certaines paroles de Mélo me revinrent à l'esprit. Sébas me sentit me raidir et me regarda:

— J'ai envie de toi. J'ai jamais eu une rousse avant... T'es vraiment belle!

Quelle remarque étrange! Jamais « eu » une rousse? Il voulait donc simplement « m'avoir » pour voir comment c'était avec une rousse? Ce n'était pas tout à fait ce que j'avais espéré! Devant mon air étonné, il se reprit:

— C'est pas ce que je voulais dire. T'es excitante, j'ai envie de te connaître.

Ah! C'était déjà mieux. Je répondis:

— Oui, j'ai passé une belle soirée. J'aimerais ça, moi aussi, te connaître. Peut-être qu'on pourrait faire quelque chose la semaine prochaine.

— La semaine prochaine? Pourquoi pas? Mais là, on est ce soir, pis...

— Pis je suis vraiment fatiguée. En plus, faut que je me lève de bonne heure demain.

Ce n'était pas vrai, mais c'était plus facile comme ça. Pas un mensonge, juste une toute petite excuse. J'avais cessé de boire depuis un moment, alors le seul effet de l'alcool que je ressentais était la fatigue.

— Ah ! T'avais pourtant l'air d'être une fille de party ! Quand je t'ai vue, dans le nord, t'avais l'air pas mal *willing*...

— Bin oui, j'aime ça fêter, mais là, y est pas mal tard !

Il me regarda, un drôle d'air au visage. Puis, il soupira avant d'ajouter :

— OK, c'est comme tu veux ! Tu manques quelque chose...

Il me fit un nouveau clin d'œil qui me mit mal à l'aise, car j'avais du mal à le décoder. Bon. J'aurais tout le loisir d'y penser, chez moi, tranquille, toute seule; j'avais maintenant hâte d'être à la maison. Il m'embrassa de nouveau et je vis, du coin de l'œil, les autres sortir de la pièce. Sébastien éteignit une des lampes, et la chambre se retrouva plongée dans une douce pénombre. Je n'aimais pas ça.

— On peut y aller, maintenant ?

— Bin, attends encore un peu, on est enfin tout seuls.

J'étais déçue de son insistance. J'avais été claire, pourtant, non ? Je ne voulais pas être désagréable ou commencer une dispute, mais j'étais vraiment fatiguée, je me sentais lourde et étourdie, et un flash déplaisant de mon aventure avec Jérémie s'était infiltré dans ma mémoire. Je lui dis donc :

— La prochaine fois, Sébas. C'est juste le premier soir qu'on sort ensemble. Je suis claquée ! Téléphone-moi la semaine prochaine, on organisera quelque chose, OK ?

Il poussa un autre profond soupir et m'embrassa. Fort. Il m'embrassa le cou, le mordit, même, juste assez fort pour que je me dégage.

— OK, la prochaine fois, répondit-il. La prochaine fois que tu m'agaces de même pis que tu veux partir, j'te laisserai faire. Mais là, franchement, j'ai pas envie d'aller te reconduire tout de suite.

— *Come on*, Sébas...

Je me levai, pris mon sac et mon manteau et m'apprêtai à sortir. Il arriva derrière moi et frotta son bassin contre mes fesses, me laissant sentir son excitation. Il me caressait les seins et le ventre. J'étais confuse. En d'autres circonstances, j'aurais sûrement trouvé ça plaisant, mais ce n'était pas le bon moment et je n'aimais pas son insistance. Pas ce soir. Je tentai de me retourner, mais Sébas me retint plus solidement, empoignant mes seins avec beaucoup moins de douceur. Son autre main se faufila entre mes jambes et commença à me caresser. Je m'inquiétai un peu. Essaierait-il vraiment de m'empêcher de partir ? Voulait-il me forcer à coucher avec lui même si je lui avais dit clairement que je n'en avais pas l'intention ? Ce genre de choses n'arrivait pas dans la vraie vie ou alors, seulement à d'autres, non ?

Apparemment, je me trompais. Il défit la fermeture éclair de mon jean et glissa sa main à l'intérieur, continuant de me caresser, là, tout en bas. Je tentai de me dégager. Il essayait de baisser mon pantalon. Je n'allais tout de même pas le laisser faire.

— Ah, t'es toute mouillée! Je le savais que ça te tentait!

Tout à coup, une colère épouvantable s'empara de moi. Je voyais Nico, je voyais Jérémie, je voyais même Vincent, tout ce qui était arrivé dans la dernière année me monta à la gorge et je devins furieuse. Je tentai encore une fois de me retourner, mais Sébastien était fort. Je voulais le regarder dans les yeux, l'engueuler, lui faire comprendre qu'il n'avait pas le droit de me traiter comme ça.

— Hey, du calme! Qu'est-ce que t'as? T'es folle? Tu penses vraiment que tu peux m'allumer de même toute la soirée pis après me faire accroire que t'as plus le goût? Vous êtes toutes pareilles, vous autres. Une gang d'agaces! Dans le fond, je sais que t'en as envie autant que moi.

Je me débattis et lui dis:

— Sébas, si j'en avais vraiment envie, tu le saurais. Mais là, c'est pas le cas. Arrête de niaiser.

— Ah! Tu veux me faire travailler un peu, hein? Pas de problème.

J'entendis, à mon grand soulagement, la porte s'ouvrir. Sébas allait sûrement enfin me lâcher. Mais je me trompais. Yannick demanda en s'approchant:

— As-tu de la misère, Sébas? Elle fait sa difficile?

— Ouais, on dirait qu'elle a envie de me faire travailler un peu. Viens donc m'aider !

Je n'en croyais pas mes oreilles. Quoi ? Je devins rouge de colère. Yannick me prit les bras et je paniquai.

— Hey, elle est fâchée, la fi-fille !

Sébastien rit de nouveau de ce rire qui m'avait glacée plus tôt. Il fallait que je parte. J'aurais dû partir bien avant. J'aurais dû ne jamais venir ici avec lui. Mais j'étais là maintenant, et ça n'allait pas du tout. Je me concentrai un instant et tentai de bander mes muscles, mais Yannick était très fort et mes bras étaient complètement inutiles. Il me faisait mal, ses doigts pénétraient ma chair. Sébas en profita pour me déshabiller. Je me retrouvai avec les jeans enroulés autour des genoux, le chandail relevé sur mes seins, et vis Sébas qui se dégageait à son tour de son pantalon.

Incroyablement, il s'approcha de mon visage et m'embrassa. Il me dit, la voix mielleuse :

— Tu vas voir, tu vas aimer ça. J'ai bien le droit d'avoir un petit cadeau, non ? Je sais que t'en as envie. Arrête donc de te débattre de même, tu vas juste te faire mal. Viens ici !

Quoi ? Qu'est-ce qu'il racontait ? Ne voyait-il pas que j'étais sérieuse ? Il pensait que je niaisais? Était-il si peu habitué à se faire dire non qu'il ne me croyait pas ? Personne ne lui disait non, à lui, voyons. Les filles se jetaient plutôt à ses pieds pour avoir le privilège de se faire choisir par lui. Quelle blague ! Et dire que j'avais été flattée de son intérêt !

— Je sais depuis longtemps que quand vous dites non, vous autres, ça veut dire oui. Vous êtes toutes pareilles. Je sais que tu tripes sur moi. *Come on*, fais-moi donc un peu plaisir, hein ? Pis si tu veux vraiment pas coucher avec moi, c'est pas grave, c'est juste toi qui manques de quoi. On peut faire d'autre chose. Tu vois, j'suis un bon gars. Je peux attendre à la prochaine fois. Mais tu peux juste pas me laisser bandé sur toi de même et t'en aller !

Yannick me força à me mettre à genoux et retint mes bras derrière mon dos. Il s'agenouilla derrière moi et me serra les bras encore plus fort. Sébas s'avança vers moi, son pénis bien dur s'approchant de mon visage.

— Sébas, arrête, pas de même, j'ai pas l'goût, fais pas le con !

J'aurais aimé paraître forte et en colère, mais en réalité, j'étais terrorisée. Entendait-il cette terreur dans ma voix ?

— Je fais pas le con, j'te « respecte ». Je te la mets dans la bouche, pas ailleurs ! Vous aimez ça, les filles, quand on vous « respecte » !

Il rit encore, de ce rire exécrable.

— Approche pas, Sébas. Je vais te mordre, je vais te faire mal !

— C'est pas grave, je suis *tough* !

La main de Yannick força ma mâchoire à s'ouvrir. Sébastien enfonça son pénis dans ma bouche, me retenant par l'arrière de la tête. J'essayai de le mordre, mais j'en étais incapable : il était trop loin dans ma gorge et j'allais étouffer. Pendant ce temps, Yannick avait glissé sa main maintenant libre entre mes jambes et me caressait. Beaucoup trop fort. Plusieurs de ses doigts se glissèrent en moi; c'était trop gros, ça me meurtrissait, j'avais terriblement mal. Il me mordillait le cou et je sentais son haleine de bière dégueulasse. Yannick se frottait sur mes fesses, la bosse énorme dans son pantalon. La main qui me caressait me lâcha enfin pour libérer cette bosse qui se faufila entre mes jambes. Il essaya de se forcer un chemin jusque dans mon corps. Il me faisait mal, il était énorme. Non! Pas ça. Je me débattis du mieux que je pouvais, et Sébas ouvrit les yeux. Il dit :

— Non, *man*. Elle, c'est moi qui vas l'avoir en premier!

En premier? Nooooon. Ce n'était pas possible. Il n'allait pas me faire ça? Et après, ce serait au tour de Yannick? Il fallait que je fasse quelque chose, mais j'étais totalement impuissante et j'étouffais. Sa queue dans ma bouche allait et venait et j'essayais toujours, en vain, de le mordre ou de me dégager. Mais il me tenait solidement la tête. Yannick me pinça un sein, puis l'autre. Il les broyait dans sa main énorme. J'avais mal, terriblement mal. Des larmes me coulaient sur de la chambre, les jambes molles, la nausée au bord des lèvres. En sortant, je vis les trois autres gars qui finissaient un joint. Ils m'ignorèrent complètement, et c'était tant mieux. Je n'aurais pas pu les regarder, faire comme si de rien n'était, comme si rien ne venait d'arriver. Au fait, que s'était-il passé au juste ? Tout le monde sauf moi semblait penser que ce n'était rien. Alors, pourquoi étais-je dans cet état ?

Je vins pour monter à l'arrière de la voiture, mais Sébas referma la porte et ouvrit la portière avant. Je voulais lui sauter dessus, le blesser, lui arracher les yeux, mais j'étais aussi molle qu'une guenille. Je ne voulais pas être proche de lui, le regarder; j'avais honte de ce que je venais de le laisser faire. Laisser faire ? Pas vraiment, non. Je voulais juste être chez moi.

Sébastien fit démarrer la voiture et mit sa main sur ma cuisse. Je tentai de m'éloigner, mais j'étais toujours à portée de sa main. Je pleurais toujours.

— Vas-tu arrêter de chialer, ça m'énerve vraiment. Hey, t'es quelque chose, toi ! Tu me cherches toute la veillée, pis là tu brailles ! C'est quoi ton problème ?

Je ne répondis pas. Je n'avais toujours pas retrouvé l'usage de la parole.

— Hey, j'te parle ! J'suis écœuré de me faire niaiser par des épaisses dans ton genre !

Il empoigna mes cheveux et me releva la tête. Il me regardait avec un air tellement méchant que j'étais certaine qu'il allait me frapper. Il me repoussa violemment et ma tête se cogna contre la fenêtre de la voiture. Je criai.

— Hou hou! Réponds-moi quand j'te parle! J'sais pas pourquoi j'ai empêché Yannick de te fourrer! Je sais pas pourquoi j'me suis retenu moi-même. Avoir su que tu chialerais de même, j't'aurais fait chialer pour quelque chose!

J'étais terrorisée et un peu sonnée. J'avais mal à la tête et je pouvais déjà sentir une bosse se former sur mon crâne. Il démarra à toute vitesse, faisant crisser les pneus. Je ne pouvais que me cramponner. Mes oreilles sillaient et j'avais trop peur pour pleurer. Je me recroquevillai tout contre la portière et fermai les yeux, espérant que mon calvaire achevait, que nous serions bientôt chez moi.

Mais un autre horrible doute s'empara de moi. Sébas savait que j'étais seule à la maison. Qu'allait-il faire chez moi, au juste? Allait-il essayer d'entrer et de me faire subir autre chose? Est-ce que je devrais me sauver en courant dès que nous serions arrivés pour aller me réfugier chez un voisin? Il était si tard! Je ne voulais pas réveiller le voisinage au complet. Que faire?

Je n'eus pas à y penser plus longtemps. Sébas tourna dans l'entrée de ma maison; j'ouvris la portière et me précipitai à l'extérieur. Allait-il me suivre? Non. À peine étais-je sortie qu'il recula, faisant de nouveau crisser les pneus.

Je trouvai les clés dans mon sac et, d'une main qui tremblait comme une feuille, j'ouvris la porte et la refermai aussi vite que je pus. J'avais peur qu'il revienne, très peur. Et mal. Je m'accroupis derrière la porte d'entrée, la verrouillai et restai là. Toute la nuit.

Chapitre 15

Mission survie

Je me suis réveillée au lever du soleil. Un rayon traversait la fenêtre de la salle à manger et me transperçait les yeux. J'avais froid d'avoir dormi — si vraiment j'avais dormi — sur le plancher de l'entrée et j'étais tout engourdie. Je bougeai un peu pour rétablir la circulation dans mes membres et retins à peine un cri. Mon corps entier me faisait mal. Ma tête, surtout, voulait éclater de partout. Une vague de souvenirs de ce qui s'était passé me submergea, et la panique m'envahit jusqu'à ce que je réalise que je n'étais pas en danger, que j'étais chez moi, toute seule. Après la panique, vint une vague d'horreur, de honte et de dégoût incroyable me tomba dessus et je crus que j'allais étouffer. Je m'efforçai de respirer normalement et j'essayai de me relever, mais j'avais les jambes molles et tout tournait autour de moi. Je restai donc assise, le dos appuyé contre la porte d'entrée, et j'attendis. Quoi au juste ? Je ne sais pas trop. J'attendais probablement de savoir ce que je devais faire.

Au bout de ce qui me sembla des heures, j'entendis des voitures circuler dans la rue. Sébastien était-il de retour ? Chaque fois qu'une voiture passait, j'étais certaine qu'elle s'arrêterait et qu'il serait là, derrière la porte. Je réalisai enfin que le soleil brillait, que j'entendais des rires d'enfants, les sons normaux d'un matin de fin de semaine.

Je devais faire quelque chose; je ne pouvais pas rester là indéfiniment. Aller au lit, sans doute. J'étais si fatiguée! Je n'avais jamais ressenti une telle fatigue, mais je doutais que le sommeil vienne me soulager. Je revivais constamment chaque instant de la fin de cette soirée, et des larmes mouillaient mes joues. Un bain. Oui, un bain me ferait le plus grand bien. Arriverais-je à faire disparaître la sensation de leurs mains sur mon corps? Pourrais-je laver ces souillures sur ma peau? J'aurais voulu me frotter jusqu'au sang pour enlever toute trace de leur toucher, et ce qui m'en empêchait était que je n'en avais pas la force. Je me traînai jusqu'à la salle de bains et ouvris le robinet. De l'eau chaude. Brûlante. Beaucoup de mousse. Je me déshabillai péniblement, grimaçant de douleur, le nez bouché d'avoir tant pleuré. Me voyant dans le grand miroir, je me mis à pleurer de plus belle. Je n'étais pas jolie à voir. J'avais des bleus aux seins et aux bras. Yannick. J'avais de la peine à ouvrir la bouche. Ma mâchoire était endolorie, ma gorge aussi, mon ventre. Et tout en bas, je me sentais écorchée, à vif. Une grosse bosse sur ma tête élançait implacablement. J'entendis encore le bruit du choc contre la vitre de l'auto de Sébastien.

Je pris deux Tylenol d'une main tremblante et m'étendis dans le bain. Et encore une fois, je restai là, sans bouger. J'y étais toujours une heure plus tard; l'eau était froide, je frissonnais, mais je me sentais incapable de bouger. J'étais écrasée par le poids de toutes ces images horribles. Sébas qui me disait: « J't'ai même pas rien fait, arrête de chialer ! »

Et son rire. Son rire fou. Il ne m'avait rien fait. Yannick non plus, je suppose ? Avait-il raison ? Et est-ce que, au fond, je l'avais bien cherché, comme il semblait le croire ? Je lui avais donné cette impression, à la salle de billard, quand je l'avais laissé se coller contre moi ? Ça m'avait semblé bien anodin. J'avais bu, j'étais joyeuse. Avait-il conclu de mon comportement que j'étais du genre à lui sauter dans les bras le premier soir ? « T'avais pourtant l'air d'être une fille de party ! Quand je t'ai vue, dans le nord, t'avais l'air pas mal *willing...* »

Pourtant, je lui avais bien dit que je ne voulais pas. Il était probablement déjà trop tard à ce moment-là. Je ne savais plus ce que j'avais voulu ou pas. Oui, je m'étais bien imaginée dans ses bras, me laisser caresser par lui. Alors, cela voulait-il dire qu'il avait eu le droit de me faire ça ? De me forcer à faire ça ? Et dire que Mélo avait essayé de me prévenir ! Pourquoi ne l'avais-je pas écoutée ? Un autre haut-le-cœur. J'aurais tant voulu aller dormir et ne jamais me réveiller !

C'est à cet instant que je me souvins des somnifères

de ma mère. Enfin, la solution! Encouragée, je sortis de la baignoire et m'enroulai dans une serviette. Je grelottais. En fouillant dans l'armoire à pharmacie, je trouvai les comprimés. La bouteille était pleine aux trois quarts, et la date indiquait qu'elle était là depuis un bon moment. Ma mère ne se rendrait sûrement pas compte que j'en avais pris.

«Prendre un comprimé au coucher.» J'en pris un avec un peu d'eau. Puis, pour être bien certaine que ça marcherait, j'en pris un deuxième. Je me traînai d'un pas lent jusqu'à mon lit, me demandant combien de temps il faudrait pour que l'effet se fasse sentir. Je m'étendis, les yeux au plafond, cherchant quelque chose, une tache, une imperfection qui dévierait le cours de mes pensées, ne serait-ce qu'un court instant. Et avant même que je m'en rende compte, je dormais profondément.

* * *

J'ai dormi toute la journée et si j'ai rêvé, je ne me souviens de rien. Merveilleux! Quand j'ouvris les yeux, la faible lumière qui filtrait à travers mes rideaux m'indiqua que l'après-midi tirait à sa fin. J'avais la tête complètement dans la brume et vaguement mal au cœur. Je crois que je me suis rendormie. La porte d'entrée qui se refermait m'éveilla: mes parents arrivaient, ma mère serait dans ma chambre d'une minute à l'autre. Je ne voulais pas la voir. Je pus lire l'inquiétude sur le visage de ma mère.

— Ély ? Ça va ? Qu'est-ce que tu fais couchée ?

— J'ai une migraine, je pense, j'ai tellement mal à la tête...

Elle s'approcha et mit sa main sur mon front.

— T'es un peu chaude... T'as pas fait de bêtises hier soir, j'espère ?

— Bin non, maman.

Non, pas de bêtises, maman. Je me suis juste retrouvée avec une queue que je voulais pas dans la bouche et j'ai des bleus partout. T'en fais pas, zéro connerie.

— Tu as pris quelque chose ?

— Pas depuis ce matin...

Et pas juste des aspirines, maman, mais c'est pas grave. J'ai dormi, au moins !

— Attends, je reviens.

Elle partit vers la salle de bains et revint avec deux comprimés de Tylenol et un verre d'eau.

— Tiens, ça va te faire du bien. Repose-toi, je te dirai quand le souper sera prêt.

Le souper, oui, c'est ça. La simple idée de manger me donna la nausée. Mais je réussis un faible sourire et regardai ma mère quitter ma chambre.

Il ne fallait surtout pas qu'elle apprenne ce qui s'était passé. Elle ne comprendrait jamais. Elle dirait sans doute, elle aussi, que j'avais été idiote, que je m'étais comportée comme si ça avait été exactement ce que je voulais. Elle me blâmerait d'avoir suivi Sébas, de ne pas avoir écouté les avertissements de Mélo; elle m'accuserait d'avoir été irresponsable et dirait que j'avais eu ce que je méritais. Et, plus le temps passerait, plus je me dirais qu'elle avait raison. Or, je me blâmais bien assez comme ça, pas besoin qu'elle le fasse, elle aussi. Non. J'avais bien essayé de me confier à elle au sujet de Nico, avec le résultat désastreux qui en avait découlé. On ne m'y reprendrait pas. Je n'avais qu'à faire comme si rien ne s'était passé. Ce serait assez facile puisque je commençais à avoir l'habitude de faire semblant que tout allait bien...

Je me levai doucement. Tout tournait et je me sentais vraiment étrange, comme dans un épais brouillard. Mais j'avais déjà moins mal. C'était toujours ça. Je jouai la comédie à merveille pendant le repas et réussis même à avaler quelques bouchées. Ce n'était pas si difficile: mes parents se parlaient à peine et quand ils me regardaient, ils ne semblaient pas me voir. Je pense qu'ils ne se seraient probablement même pas rendu compte de mon absence. Vers huit heures, j'étais crevée. Mais comme j'avais peur de ressasser tout ce fouillis dégueulasse, je fis un petit détour par l'armoire à pharmacie avant de me coucher. Une bonne nuit de sommeil m'aiderait grandement à passer la journée à venir.

* * *

Bien que j'aie été passablement fripée, probablement parce que j'avais trop dormi, la journée se déroula étonnamment bien. En montant dans l'autobus scolaire, j'agis comme d'habitude, j'en étais convaincue. J'avais commencé à ressentir quelque chose de nouveau. Quelque chose de puissant, que je ne pouvais ignorer mais dont j'avais un peu peur : une colère et une haine envers Sébastien et Yannick tellement aiguë que parfois j'en tremblais.

Mes amies voulaient évidemment savoir comment s'était passée la soirée avec le beau Sébas, et je répondis simplement que, tout compte fait, il n'était pas mon genre. J'ajoutai que j'avais trouvé les deux groupes vraiment bons et que le chanteur de Hors La Loi chantait aussi bien qu'il était beau. Elles ont approuvé en riant, car c'était vrai qu'il était magnifique. Pas dans le même genre que Sébastien, mais tout de même incroyablement sexy. Il faisait en tout cas agréablement diversion dans cette conversation que je n'avais pas envie de prolonger. Je me rendis à mes cours, et, à toute cette matière qui me semblait inutile et d'une platitude extrême, je fis semblant de m'intéresser même si je contenais de moins en moins bien le grondement sourd de colère et de révolte qui naissait en moi chaque fois que je repensais à Sébas. Pour le reste, la peur, la douleur, la honte, je camouflais tout ça derrière un joli sourire qui avait presque l'air vrai.

Une fois à la maison, je ne mis pas longtemps à tourner en rond. Je n'avais pas envie d'écouter de musique ni de sortir. Pas envie de prendre des photos. Dans ma tête subsistait une espèce de nuage, une brume qui empêchait mon cerveau de fonctionner à plein régime, qui ralentissait mes pensées et les rendait floues, mais il commençait à s'estomper. Et ça, je voulais l'empêcher à n'importe quel prix, car lorsqu'il se serait envolé, toutes ces choses si laides, ces images insupportables que je voulais oublier reviendraient en force. Je m'imaginais parfois en train de tuer Sébas. Oui, de le tuer d'un coup de fusil entre les jambes ou à coups de couteau déchaînés. C'était horrible et j'avais peur de ce que ça pouvait vouloir dire, mais je n'y pouvais rien. Que faire ?

Mon regard tomba sur la petite armoire où mon père rangeait ses bouteilles d'alcool. Un tout petit verre ne me ferait pas de mal. Cela permettrait peut-être même à mon nuage de s'ancrer là où je voulais qu'il reste pour toujours. Je mélangeai un peu de vodka d'une bouteille presque pleine à du jus d'orange. C'était bon et en peu de temps, je me surpris à sourire. Je n'étais pas vraiment ivre, mais tout allait bien. Je mis de la musique et je me sentis légère. Pas de peine, pas de crise de larmes. Pas de colère, non plus.

J'accueillis même ma mère avec un sourire, qu'elle remarqua à peine, et fis semblant de faire mes devoirs à l'ordinateur. Mais je ne travaillais pas tellement. Je regardais des vidéos vraiment stupides mais terriblement drôles de gens qui semblaient n'avoir rien d'autre à faire que se filmer dans des situations ridicules. C'était si bon de rire ! Je retenais mes éclats, car je ne voulais pas alerter ma mère, mais je m'amusais comme une petite folle.

C'est comme ça que je passai la semaine et arrivée au jeudi, j'avais considérablement entamé la bouteille de vodka et les autres bouteilles intéressantes étaient presque vides. Qu'est-ce que j'allais faire ? À ce rythme, il était clair que mes parents se rendraient compte de quelque chose et que moi, je n'aurais plus rien de bon à boire. Je devais trouver le moyen de me procurer ma propre réserve pour cesser de vider celles de mon père, ça devenait urgent. Une solution se présenta d'elle-même.

Je devais photographier une partie de football durant l'heure du midi pour le journal. Il faisait beau et l'équipe de l'école s'entraînait depuis un bon moment lorsque je suis arrivée aux gradins, cherchant un angle particulier. En passant derrière les plus éloignés, j'ai reconnu un groupe d'élèves de secondaire cinq que j'avais déjà photographiés au local de musique et je vis qu'ils se passaient un joint. Je n'avais jamais eu l'idée d'essayer d'en fumer moi aussi, mais ce jour-là, ça me sembla être une idée merveilleuse.

Je m'approchai donc d'eux, l'appareil-photo à la

main, et leur adressai mon plus beau sourire. Un des gars me reconnut, et comme ils n'avaient pas l'air de savoir s'ils devaient être inquiets de ma présence ou non, je leur fis un sourire et continuai d'avancer vers eux. Mais qu'est-ce qui me prenait ? Ces gars-là étaient considérés comme des *bums* à l'école. Tout le monde savait qu'ils vendaient du pot et probablement bien d'autres choses, mais ce jour-là, c'était précisément ce qui m'intéressait. Je me demandais comment les aborder; ils m'intimidaient, bien sûr, mais ils m'attiraient comme un aimant.

Lorsque j'arrivai près d'eux, celui qui m'avait reconnue, Kevin, me tendit le joint. J'hésitai à peine et pris une bouffée, me concentrant fort pour ne pas m'étouffer et avoir l'air d'une débutante. Je retins la fumée de peine et de misère dans mes poumons et l'expirai lentement. Rien. Le joint fit un autre tour et j'aspirai de nouveau. Et là, certaines choses semblèrent se transformer. Le petit nuage de brume que j'aimais bien réapparut dans ma tête. Je les remerciai puis demandai à Kevin s'il pouvait me vendre un joint. Il ne sembla pas étonné. Je n'avais aucune idée du prix, mais lorsqu'il le fixa, je vis que j'avais suffisamment d'argent; j'enfouis le joint dans l'étui de mon appareil-photo et partis prendre mes photos.

Je ne ressentais pas autant d'effet que je l'aurais cru, mais c'était très, très agréable. Je pris des tonnes de photos que je trouvai géniales. Je parlai avec plusieurs personnes; tout le monde me semblait subitement drôle et gentil. J'adorais ça. Je ne vis pas la période du dîner passer et quand vint le moment de retourner en classe, je paniquai. Je venais de m'apercevoir dans un miroir : mes yeux étaient si rouges qu'on aurait dit que je venais de pleurer. Ça susciterait beaucoup trop de questions ! Ne rien laisser paraître. Ma nouvelle devise. Je réussis à me faufiler à l'extérieur du terrain de l'école. Il m'importait bien peu que mon absence soit remarquée ou non.

Je marchai pendant un moment jusqu'à une grande intersection, puis montai dans un autobus qui me ramènerait près de chez moi. Durant le trajet, je m'endormis presque. Et j'avais une faim de loup !

Une fois à la maison, je mangeai des restes du repas de la veille, allumai la télévision et m'endormis devant. Quand ma mère arriva, je me sentis rougir. Mais qu'est-ce que j'avais fait là ? Rien de bien grave, vraiment. Un joint. Même pas, quelques *puffs*, c'était tout. Il était bien normal que j'essaie : c'était si facile et courant ! Alors, je ne m'en fis pas trop. Ni pour mon absence non motivée de l'après-midi, d'ailleurs. Je m'arrangerais bien avec ça; ce n'était qu'un petit accident de parcours. Et si ça m'aidait à ne plus pleurer et surtout à ne plus voir les scènes immondes qui se jouaient dans ma tête, ça ne pouvait pas être si mauvais que ça !

* * *

À peine quelques jours plus tard, j'eus envie de répéter l'« accident de parcours ». J'avais fumé en deux fois le joint acheté, et l'effet était des plus agréables. Je dormais comme un bébé ! Un midi, pour m'éloigner de mes amies du journal, je prétextai vouloir prendre l'air et partis retrouver Kevin. Je m'étais apporté plus d'argent cette fois-ci, et le trouvai au même endroit que l'autre jour. Je lui achetai à ce moment-là trois joints, et il en alluma un autre en ma présence. Effet immédiat. Je lui demandai si j'avais les yeux rouges et une fille qui était avec lui sortit une petite bouteille de gouttes pour les yeux.

— Tu devrais t'en acheter, c'est toujours bon à avoir !

J'étais étonnée de voir que ça marchait. En me regardant dans son petit miroir, je constatai que j'avais l'air à peu près normale. Si j'arrivais à retenir mon petit sourire, ça irait. Cette idée me fit éclater de rire. C'était quand même ironique ! Moi qui avais pensé ne plus pouvoir être heureuse, voilà que je devais me retenir de sourire !

Je me rendis à mes cours comme une bonne élève et évitai de me retrouver trop près d'Eugénie ou d'autres filles qui me connaissaient intimement. J'avais vraiment un mal fou à demeurer sérieuse, mais après la première période de l'après-midi, ça devint plus facile. Or, je commençais à ressentir cette même fatigue que la veille et trouvais le cours de plus en plus ennuyant. Je m'accrochai à l'idée que la journée s'achevait et cherchai désespérément quelque chose à me mettre sous la dent.

Je m'habituai à cet état assez rapidement, surtout à l'absence d'émotions négatives qui semblait l'accompagner. J'avais revu Kevin quelques fois et, même si mes économies s'en ressentaient, je ne m'inquiétais pas. Tout se passait à merveille à la maison; ma mère ne se doutait de rien. Tant mieux. Je savais que tout ça n'était que temporaire; je ne faisais que me donner le temps et les moyens d'oublier. Les traces visibles de ce que Sébas et Yannick m'avaient fait s'estompaient. Je pouvais enfin porter des chandails à manches courtes, mes bleus ayant disparu. Restait à faire disparaître les autres traces, celles qui ne paraissaient pas et qui m'empoisonnaient l'existence quand j'étais trop «lucide». Quand je redescendais sur la même planète que tout le monde, oublier était difficile, voire impossible. Je me retrouvais parfois en sueur après avoir songé à Sébastien et à Yannick, en rêve ou éveillée, les imaginant dans un bain de sang. Dans ces moments-là, j'avais l'impression que j'allais hurler, pleurer ou les deux, et ne plus pouvoir m'arrêter. Sa queue dans ma bouche. Les mains de Yannick. Nico avec Gabrielle. Rien de tel qu'un petit joint ou un dernier verre de vodka-jus d'orange pour oublier. Tout oublier.

Chapitre 16

Dérapage

J'ai passé assez de temps comme ça, à fumer mon joint le midi et de plus en plus souvent le soir aussi. Je n'en revenais pas que mes parents ne se soient rendu compte de rien. Je les trouvais tellement naïfs ! Évidemment, j'étais devenue plutôt une experte en camouflage; de plus, ma mère travaillait beaucoup plus que d'habitude, ne revenant que très tard plusieurs soirs par semaine, et mon père se réfugiait au sous-sol pour regarder la télévision.

Mes amies non plus ne semblaient pas se douter de grand-chose. Elles trouvaient bien que j'étais un peu distante et que je ne passais plus beaucoup de temps avec elles, mais je prétextais toujours quelque photo à prendre et elles croyaient mes explications sans poser plus de questions. Avec du recul, je pense qu'elles ne voulaient pas voir ou savoir ce que je faisais. C'était peut-être leur façon de respecter mon besoin de solitude, mais au fond, ça devait bien leur convenir.

À l'école, je réalisais parfaitement que mes notes n'étaient plus tout à fait à leur niveau habituel, mais je ne m'inquiétais pas. Je saurais facilement me rattraper le temps venu, me disais-je, même si l'année scolaire tirait dangereusement à sa fin. L'important était que j'arrivais à vivre chaque journée dans un calme relatif même si je me doutais que cette belle carapace était plus fragile que je le pensais.

Un vendredi, je suis allée au cinéma avec quelques amies. L'été s'annonçait enfin et mes parents se rendaient au chalet. Ils avaient accepté que je reste à la maison. Je pense qu'ils n'avaient pas envie que je les accompagne; je n'avais jamais eu autant de liberté et ça tombait vraiment bien.

Ce midi-là, Kevin me fit une proposition intrigante :

— T'as pas plutôt envie d'essayer autre chose ? C'est le même prix, mais c'est pas mal mieux ! Je viens d'en recevoir et crois-moi, c'est génial !

— Hum, j'sais pas. Du pot, ça passe, mais...

— C'est pas vraiment de la dope, ça se vend en pharmacie. C'est juste que t'aurais besoin d'une prescription. Tu pourrais en avoir si t'en demandais à ton doc !

Geneviève renchérit :

— Ouais, c'est cool. Pis avec ça, tu t'endors pas après, pis tu manges pas tout ce qui te tombe sur la main ! En plus, ça paraît presque pas quand t'en as pris !

Intéressant !

— OK, j'vais essayer ça, pour voir ! Mais donne-moi des joints aussi, pour la fin de semaine!

J'avalai le comprimé tout de suite après le souper, juste avant de partir rejoindre mes amies au cinéma. Je ne ressentais toujours rien en arrivant, mais une fois assise, je me sentis très, très bien, légère comme un petit oiseau, réveillée comme je ne l'avais pas été depuis longtemps, sans aucune pensée dégoûtante. Oui, j'ai bien pensé à Sébas et Yannick, mais j'arrivais à me contrôler. J'avais envie de m'amuser et le film nous fit rire. Je pense que je riais un peu fort, mais j'étais comme une boule d'énergie. J'adorais ça et j'avais l'impression que la fille que j'étais avant était de retour.

Il était déjà passé onze heures quand le film s'est terminé et, comme elles travaillaient le lendemain, les filles n'avaient pas envie d'aller ailleurs. Je retournai donc à la maison et, savourant le fait que j'y étais toute seule, je descendis au sous-sol, mis ma musique préférée à tue-tête et dansai. J'ai dû danser pendant au moins une heure. C'était merveilleux, jusqu'à ce que je commence à me sentir bizarre, comme épuisée dans ma tête, alors que mon corps, lui, avait toujours envie de continuer. Pour le calmer un peu, j'éteignis la musique, allumai la télévision et finis par trouver un film qui avait l'air passable. Passable, oui, mais c'était un film d'amour, un vrai de vrai. Et quand la fille du film surprit son amoureux avec une autre et qu'elle éclata en sanglots, je fis la même chose. Je m'effondrai littéralement.

Je me levai et me servis un verre de gin. Puis un autre. Et un troisième. Je trouverais bien le moyen de le remplacer bientôt avant que mes parents s'aperçoivent que cette bouteille aussi était presque vide. L'engourdissement qui suivit me fit du bien, mais je n'étais plus joyeuse comme je l'avais été plus tôt. L'alcool ne me faisait pas le même effet que d'habitude et, en vérité, je me sentais plus mal que jamais. Je pleurais sans même m'en rendre compte. Toutes ces images que j'avais pris tant de soin à refouler affluèrent dans ma tête. Toutes. Et je voulais les faire disparaître. Je *devais* les faire disparaître. Dormir. Je ne voulais que dormir, et il n'y avait qu'une seule solution.

Je me dirigeai vers la salle de bains et trouvai sans peine la petite bouteille de médicaments de ma mère. J'avalai deux comprimés et retournai sur le divan. Et je pleurai de plus belle, de rage, de désespoir, de colère, jusqu'à ce qu'enfin, je tombe comme une pierre.

* * *

Je me réveillai avec la bouche pâteuse et une boule dans la gorge. J'avais un peu la nausée et mal à la tête. J'hésitais entre prendre un café, manger ou retourner me coucher. Mais il était près de midi, il faisait un temps magnifique, et j'étais seule à la maison. Je voulais me sentir libre et heureuse. Me souvenant de mon état de la veille, je me promis de ne jamais plus me laisser bouleverser de la sorte. Je n'étais pas certaine de ce qui avait déclenché cette crise, mais il n'était pas question que j'y succombe une seconde fois. Suffit! Alors, je sortis, m'installai dans le hamac tout au fond de la cour, là où les voisins curieux ne pourraient me voir, et allumai un joint. Je me sentis mille fois mieux dès la première bouffée. Je me mis à me balancer doucement et à regarder le ciel. C'était beau, d'un bleu magnifique. De petits nuages blancs paresseux passaient et quelques oiseaux piaillaient. Une journée parfaite pour se la couler douce. Je me servis un bol de céréales avec du jus d'orange. Pourquoi ne pas «améliorer» ce jus, juste un tout petit peu? J'hésitai. Il était encore tôt; je ne trouvais pas cela très brillant. Mais j'avais la journée devant moi et ne voyais rien de mal à vouloir en profiter. Je versai un peu de vodka dans mon jus et le trouvai bien meilleur. Puis je retournai dans le hamac observer le ciel, laisser la douce brise me bercer.

Alors que je me croyais débarrassée de mes fantômes, c'est celui de Nico qui revint me hanter. Que faisait-il en ce moment? Revoyait-il, comme moi, ces belles journées passées ensemble au parc, au chalet? La boule revint dans ma gorge, menaçant de me faire pleurer, mais je me retins. Je ne voulais tellement plus pleurer! Je voulais être forte, solide. Puis, je me dis que si je l'avais été, forte et solide, j'aurais pu m'éviter tout ce qui s'était passé au motel. Je ne pus retenir le torrent. Mon corps entier était secoué de spasmes douloureux, je gémissais, je me sentais comme un volcan sur le point d'exploser; mais tandis qu'il me restait une toute petite parcelle de conscience, ne voulant pas attirer l'attention des voisins, je partis me réfugier dans ma chambre. La porte close et la tête dans l'oreiller, j'ai crié à en avoir mal à la gorge. Au bout d'un moment, épuisée, je me suis endormie.

C'est à peu près au même moment que mes parents, épuisés de toutes leurs querelles et ayant résolu de se séparer pour un certain temps, décidèrent de revenir plus tôt que prévu pour m'en parler.

Chapitre 17

Tout s'écroule

Je savais que je devenais imprudente, mais pas à ce point. J'avais laissé la porte de l'armoire à boissons ouverte et la bouteille de vodka débouchée. J'avais aussi laissé les somnifères de ma mère près du lavabo de la salle de bains. Et, évidemment, je n'avais pas pensé à refermer l'étui de mon appareil-photo, dans lequel se trouvaient deux petits joints côte à côte.

Lorsque ma mère entra dans la maison, elle comprit qu'il se passait quelque chose. Je n'avais pas ouvert les rideaux; la maison était dans la pénombre. J'avais laissé traîner mon bol de céréales, croyant que j'avais tout mon temps pour le ramasser. Comme pour le reste. C'est mon père qui a vu la vodka, et c'est ma mère qui a trouvé la bouteille de somnifères. Elle s'est précipitée dans ma chambre et s'est ruée sur moi, ne sachant pas dans quel état elle allait me trouver. Ce faisant, elle renversa l'étui de mon appareil-photo. Et déclencha ainsi une catastrophe nucléaire.

Je me levai en sursaut. J'avais la tête qui tournait, je ne comprenais pas ce qui était en train de se passer, mais je savais que j'avais un problème. Un gros, un énorme problème. Ma tête voulait éclater. Ce n'était pas le moment ! Ma mère était déchaînée. Me voyant debout, elle me mit les joints en pleine figure d'une main, les somnifères dans l'autre. Elle avait les yeux immenses, les traits déformés; je voyais la vague de rage monter en elle. Elle en tremblait.

— C'est quoi, ÇA ! demanda-t-elle, les deux mains ouvertes avec les objets du crime bien en évidence.

Je n'avais pas envie de me faire sermonner et encore moins de me faire crier après. J'avais trop mal à la tête.

— Capote pas, c'est juste du pot. Y a rien là.

La gifle m'a atteinte à la vitesse de l'éclair; surprise totale. Elle n'avait jamais levé la main sur moi et j'ai senti ma joue devenir brûlante immédiatement. J'ai eu tellement envie de la frapper à mon tour que j'en tremblais, mais quelque chose me retint : mon père dans l'embrasure de la porte de ma chambre qui tenait la bouteille de vodka.

— Je pense que t'as des explications à nous donner, ma fille.

— J'ai rien à vous dire ! Ça vous regarde pas. Je veux juste avoir la paix, OK ?

Ma mère était dans tous ses états. Je pensais qu'elle allait faire une crise cardiaque ou quelque chose du genre. Je crois qu'elle était aussi surprise de cette gifle que moi, mais je devinais qu'elle avait envie de répéter l'expérience. Elle s'approcha et, me saisissant les épaules durement, me regarda dans les yeux et cria :

— Eh bien ! Tu te trompes, ça me regarde plus que

tu penses! Si tu crois que je vais regarder ma fille devenir une droguée et une alcoolique dans ma maison, tu te trompes! Qu'est-ce qui te prend, Ély, hein?

Elle me secouait dans tous les sens, elle me faisait mal. Je ne voulais plus avoir mal. Je sentais les doigts de Yannick s'enfoncer dans mes bras. Je goûtais le pénis de Sébas dans ma bouche. Je suffoquais comme ce soir-là. Je me suis écroulée sur le plancher, j'avais du mal à respirer, je voulais mourir. Je sanglotais, je gémissais, je n'en pouvais plus.

Ma mère changea du tout au tout: elle s'écroula près de moi et tenta de me toucher doucement, mais je la repoussai.

— Pourquoi, ma chouette? Pourquoi? Ély, parle-moi, je t'en supplie.

Elle répétait cette phrase sans cesse. Une litanie insupportable. Je finis par répondre:

— Parce que je veux plus me souvenir, maman. Je veux juste plus. Plus rien. OK?

Et je pleurai de plus belle. Ma mère m'a prise dans ses bras et je l'ai laissée faire. Elle a commencé à me bercer et mon père est sorti. Il ne savait sans doute absolument pas quoi faire ni quoi dire. Dans un souffle, ma mère me posa encore une question:

— Nico, c'est Nico que tu veux oublier, ma grande?

— Oui, non, tout...

Et en un torrent, un tas de paroles incohérentes se mirent à sortir de ma bouche: combien il me manquait, combien j'avais été stupide — c'était sans doute pour ça qu'il ne m'aimait plus. Ma mère tentait de protester, mais je ne lui en laissais pas la chance. Un barrage venait de céder. Elle demeura silencieuse un bon moment. Elle tentait en vain de mettre de l'ordre dans tout ce que je lui avais dit et ne comprenait qu'à moitié.

— Je m'excuse de t'avoir frappée. Mais je regrette surtout que tu m'en aies pas parlé.

— J'ai essayé. Tout ce que t'as trouvé à me dire, c'est: « Un de perdu, dix de retrouvés ! »

Elle se souvint. Je crois qu'elle s'en voulait, car elle me serra dans ses bras de plus en plus fort et commença à pleurer, elle aussi.

— Je suis certaine qu'on peut trouver une solution, ma chouette. On va chercher de l'aide, OK ? On va se parler, on va s'aider…

— Rien va pouvoir aider, maman... Je suis pas capable de me regarder en face. Tu peux pas comprendre. J'ai fait quelque chose de vraiment, vraiment con, pis j'ai tellement honte que je sais pas si je vais pouvoir passer par-dessus.

— Écoute, Ély, je pense que peut-être tu exagères un peu, ou au moins que tu empires certaines choses. Je suis sûre que tu peux pas avoir fait quelque chose d'aussi grave que tu penses... Tout ce que t'as fait dans notre dos, c'est épeurant, mais on peut trouver de l'aide. Le reste, c'est pas important.

Pas important ? Encore une fois, elle croyait tout savoir. J'éprouvai un impérieux besoin de la contredire, d'avoir le dernier mot. Il me fallait lui faire comprendre une fois pour toutes qu'elle ne savait pas tout, qu'elle ne comprenait pas ce que je vivais et que pour une fois, c'était moi qui avais raison. Rien ne pourrait me « guérir » de ce qui était arrivé. Je pris un air de défi, laissant la colère monter en moi sans même tenter de la contrôler. Je n'allais pas laisser ma mère diminuer, encore une fois, ce que je pouvais ressentir, croire que ce n'était qu'une autre exagération d'enfant. Tant pis si elle m'accusait, me blâmait pour tout. Tant pis. Au moins, elle comprendrait pourquoi je ne pouvais oublier. C'est donc en la regardant dans les yeux que je lui crachai au visage :

— C'est pas important ? Qu'est-ce que tu dirais si t'apprenais que ta fille s'est arrangée pour se retrouver dans une chambre de motel avec un gars qu'elle connaissait à peine pis que ce gars-là a décidé de se faire sucer, même si elle voulait pas ? Tellement pas qu'un autre gars a été obligé de l'aider !

Ma mère se figea net. Sa main s'immobilisa dans mes cheveux, sa bouche s'ouvrit sans laisser échapper le moindre son. Elle me regardait. J'aurais juré qu'elle me mettait au défi d'avouer que ceci était un mensonge. Elle l'espérait de tout son cœur.

— Non, Ély.

Et comme je ne disais rien, mais que mes yeux

laissaient s'écouler une rivière de larmes silencieuses, elle sut que je disais la vérité.

— Dis-moi ce qui s'est passé, Ély. Il faut que tu me dises.

La dernière personne à qui j'avais envie d'en parler était elle. Mais je ne pouvais plus garder tout ça en dedans pendant que ça me rongeait de l'intérieur. Alors, je lui ai tout dit. Je lui ai raconté ce qui s'était passé, sans toutefois pouvoir lui donner tous les détails. J'étais étonnée d'être capable de le faire. J'avais cru que les mots n'arriveraient jamais à sortir, mais c'est avec toute la froideur de ma rage et ma détresse que j'y suis arrivée. Je pouvais sentir la colère de ma mère qui menaçait d'éclater. Pourvu qu'elle ne me gifle pas encore ! Je n'aurais pas pu le supporter. Elle m'a regardée et, d'une voix lente, saccadée comme si elle avait du mal à rester calme, elle m'a demandé :

— Ély, tu lui as dit plusieurs fois que tu ne voulais pas ?

— Oui, mais...

— Tu lui as dit ou non ? S'il y a un moment dans ta vie où tu dois me dire la vérité, c'est maintenant.

— Oui, je lui ai dit au moins vingt fois !

Elle prit une longue, une profonde inspiration. Elle tremblait de tous ses membres et semblait faire un effort surhumain pour se contrôler. Elle me força à la regarder dans les yeux. L'explosion serait terrible, mais ça ne m'étonnait pas. Ça aussi, je l'avais bien cherché. Je savais pourtant ce qui me guettait quand je défiais ma mère et là, je m'étais surpassée.

Je m'attendais à tout. Mais pas à ça :

— Ély, écoute-moi bien. Ce qui est arrivé n'est PAS ta faute. Tu avais tous les droits de dire non, et même si quelque part au fond de toi il te plaisait, tu avais le droit de décider que c'était pas comme ça que tu voulais que ça se passe. Non, ça veut dire non.

— Ouain, bin lui, il dit que non ça veut dire oui !

— Je vais le tuer.

— Maman ! Si j'étais pas allée avec lui, rien de tout ça serait arrivé !

— Peut-être ! Mais c'est pas parce que t'es allée avec lui qu'il avait le droit de te faire ça, Ély ! Et l'autre encore moins ! C'est pas juste dégueulasse, c'est illégal ! Ça s'appelle une agression sexuelle et crois-moi, il s'en tirera pas de même, le salaud !

— Maman, qu'est-ce que tu veux dire ? Il m'a même pas violée !

— Ah non? C'est quoi qu'il t'a fait, tu penses? C'est pas parce qu'il t'a pas *tout* fait qu'il t'a pas violée ! C'est une agression sexuelle, une vraie, Ély ! Et ce que je veux dire, c'est qu'il ne me connaît pas encore, et il va regretter de s'en être pris à ma fille. Aucune excuse, aucune justification ne pourra me faire accepter ça. Non, ça veut dire non, peu importe ce que tu as fait avant ! Même si tu lui avais laissé croire que c'était ce que tu voulais, t'avais le droit de changer d'idée.

— Maman, c'est toi-même qui me disais qu'un gars, c'est un gars, qu'on pouvait pas les changer...

— Ça veut pas dire que ça leur donne tous les droits ! Ils s'imaginent peut-être que parce qu'ils sont plus forts ils peuvent avoir ce qu'ils veulent ? Eh bien, non ! On va leur montrer que leur maudite queue, ils devraient apprendre à la garder dans leur pantalon !

Je pleurais plus fort que jamais. Un immense poids venait de m'être enlevé. Cette fois, je pleurais autant de soulagement que de douleur. Ma mère me regardait et je pouvais lire un univers de tristesse dans ses yeux. Elle avait l'air de souffrir presque autant que moi, et j'eus terriblement envie qu'elle me prenne dans ses bras. Elle me rejoignit dans mon lit et me serra tout contre elle. Et elle pleura, elle aussi, nos larmes se mêlant pour ce qui me semblait être la première fois de ma vie. Elle ne cessait pas de dire :

— Mon bébé... ma petite fille.

Au bout d'un moment, elle se calma un peu et, me frottant le dos comme si j'étais un tout petit bébé, elle me dit :

— Je ne pourrai jamais me pardonner de ne pas avoir su te protéger de ça.

— C'était pas ta faute, maman !

— Oui, j'aurais dû savoir ce qui se passait. Mais j'étais tellement prise avec mes problèmes, avec ton père et nos chicanes, que j'ai préféré me mettre des belles grosses œillères et me faire croire que tout allait bien. Je te voyais sortir, j'étais contente pour toi, certaine que tu t'en sortais comme une grande.

— Maman, arrête...

— Non, j'arrêterai pas, Ély. Pas maintenant ! Il y a tant de choses que j'aurais dû te dire avant. En grandissant, une femme devient automatiquement une cible pour tous les Sébastien de la terre. Oh ! Ils ne sont pas tous comme ça, les hommes, mais il y en a plus que tu penses. J'aurais dû te le faire comprendre bien avant.

Ma mère parlait lentement, avec cette amertume que je lui connaissais bien.

— Je voulais que tu grandisses forte, sûre de toi, que tu aies toutes les chances de rester loin de ce genre de choses. Je voulais tellement te protéger ! Je pense que je l'ai pas fait de la bonne façon. Je voulais tellement pas que tu vives la même peur que moi...

— Qu'est-ce que tu veux dire, maman ?

Elle soupira profondément et garda le silence. Puis, d'une voix douce et tremblotante que je ne lui connaissais pas, elle me raconta quelque chose qui lui était arrivé alors qu'elle avait vingt ans. Pour elle, ça s'était miraculeusement bien terminé, mais ça l'avait marquée.

Elle travaillait alors dans un restaurant miteux pour subvenir à ses besoins et aider ses parents du mieux qu'elle le pouvait. Elle avait compris qu'en s'habillant d'une manière suggestive et en étant gentille avec les clients, les pourboires devenaient beaucoup plus intéressants. Elle plaisait aux hommes qui fréquentaient le restaurant, et plusieurs s'étaient montrés intéressés à sortir avec elle, mais elle avait toujours refusé et ne flirtait jamais. Elle s'était même inventé un amoureux pour décourager les plus entreprenants et se croyait en contrôle de la situation. Un soir, après la fermeture, elle s'était retrouvée entourée de trois clients passablement ivres qui l'avaient suivie avant d'essayer de l'entraîner dans leur voiture. Elle avait compris ce soir-là que certains hommes sont incapables de se contenter d'admirer une fille jeune et séduisante. Ils en veulent plus et sont prêts à tout pour l'obtenir. Être une femme donne du pouvoir, mais ça peut aussi la mettre en danger…

Ils étaient trois gaillards; elle n'était pas de taille à se battre contre eux. Elle était terrorisée et avait d'abord essayé calmement de les décourager. Ils n'étaient absolument pas en état de comprendre quoi que ce soit. Elle se débattait sur le trottoir désert, tentant d'alerter quelqu'un, mais il était très tard. C'est mon père qui, secrètement amoureux d'elle depuis un moment, est intervenu. Il venait de terminer son repas au restaurant et ne faisant pas confiance aux trois inconnus qui rivalisaient de grossièretés devant ma mère; il avait donc décidé de s'assurer que tout allait bien. Au moment où elle croyait que tout était perdu, il est arrivé avec sa voiture, a braqué ses phares sur eux pour les aveugler et a crié :

— Lâchez-la, maudits caves, ou je sors mon *gun* !

Mon père n'avait évidemment pas d'arme, mais ça avait été suffisant. Les hommes avaient lâché ma mère qui s'était réfugiée dans la voiture de mon père et lui avait sauté au cou. Ils étaient ensemble depuis.

Ma mère avait eu des cauchemars pendant des semaines. Grâce à mon père, elle avait pu continuer à croire que tous les hommes n'étaient pas des maniaques assoiffés de sexe. Elle avait eu de la chance.

Son récit m'avait bouleversée. J'essayais d'imaginer ma mère terrorisée et j'y arrivais à peine. Mais je savais qu'elle avait été belle — elle l'était encore, d'ailleurs — et je comprenais tout à coup plusieurs choses.

Je l'entendais pleurer presque en silence, mais son corps était rigide, comme si chacun de ses muscles était tendu. Tout cela signifiait que ma mère me comprenait réellement, que je n'étais plus seule avec ces affreux souvenirs. Ça n'arrangeait rien, mais c'était réconfortant. Je ne m'étais jamais sentie aussi proche d'elle et ça, c'était à la fois étrange et merveilleux, comme si je ne l'avais pas vraiment connue toutes ces années, comme si une autre femme m'avait élevée. Elle conclut :

— Tu sais, j'avais rien fait de mal. Et ce que je regrette le plus aujourd'hui, c'est de n'avoir rien fait après. Ça me ronge chaque jour de penser à ce qu'ils ont peut-être fait subir à d'autres filles moins chanceuses que moi. J'en ai encore des cauchemars. On ne va pas répéter la même erreur, Ély.

— Qu'est-ce que tu veux dire?

— Je veux dire qu'il faut les dénoncer. On ne peut pas laisser des malades comme ça en liberté.

— Quoi??!

— Pas de «quoi», Ély. Il n'y a qu'une chose que tu puisses faire, et c'est ça. Qu'est-ce que tu veux qu'ils fassent, hein? Qu'ils s'en prennent à d'autres filles comme toi sans penser aux conséquences?

J'étais estomaquée. Elle voulait vraiment faire ça? Peut-être bien qu'elle avait raison et que ce qui était arrivé n'était pas plus ma faute que ce qui lui était presque arrivé, à elle. Mais de là à les dénoncer à la *police*? De quoi j'aurais l'air? Tout le monde le saurait! Ce serait invivable. J'aurais l'air de la petite conne qui cherchait le trouble et qui, après l'avoir trouvé, allait pleurer dans les bras de sa mère! D'un autre côté, c'était peut-être exactement ce qui m'aiderait le plus. Je voulais qu'ils souffrent, non? C'était peut-être la meilleure solution...

— Écoute, Ély, repose-toi un peu, penses-y le temps qu'il faut. Demande-toi comment tu te sentirais si tu ne faisais rien et que la prochaine fois il s'en prenait à une de tes amies.

Je ne trouvais rien du tout à répondre. Évidemment, je ne souhaitais cela à personne. Mais de là à ce que j'accepte que la terre entière apprenne ce qui s'était passé, il y avait un monde! Je ne voulais plus penser à rien. J'étais épuisée, crevée, finie.

Ma mère n'ajouta plus rien, me laissant me débattre avec mes pensées. Et elles étaient nombreuses, tellement nombreuses qu'elles m'étourdissaient et allaient dans tous les sens. Mais le tourbillon eut un effet étonnant. Comme si mon cerveau refusait de continuer, il s'éteignit et je m'endormis dans les bras de ma mère.

Chapitre 18

Décision et indécision...

À mon réveil, j'entendis mes parents qui se parlaient dans la cuisine.

— T'es bien sûre, Manon, que c'est la chose à faire ?

— Oui, je suis sûre. Crois-moi, j'ai jamais été aussi certaine de quelque chose dans ma vie !

— Ah bon ! C'est vrai, tu sais toujours tout mieux que personne. Je sais pas comment j'ai pu oublier !

— Jean-François, mêle pas nos problèmes à ça. Notre fille a besoin de nous, on pourra régler nos choses plus tard. Est-ce qu'on pourrait au moins être d'accord là-dessus ?

Un silence. Lourd. Puis mon père ajouta :

— Oui, t'as raison. Pis peut-être que si on avait pas été aussi pris dans nos problèmes, comme tu dis, on aurait vu ce qui était en train de se passer !

— Je sais. Et si tu veux me reprocher ça aussi, vas-y, mais j'y ai pensé, imagine-toi donc, et je m'en veux à mort, mais c'est inutile de se blâmer maintenant.

— C'est vrai, mais ça sera pas facile. Elle va être obligée de tout raconter à des étrangers qui vont peut-être la juger. Tu sais comment ça se passe...

— Oui, je le sais. Certains vont dire qu'elle exagère,

d'autres ne la croiront pas. On dira qu'elle cherche juste à se venger de lui pour quelques niaiseries ou que si c'est vraiment arrivé, elle l'a sûrement cherché. Mais nous, on sait la vérité. Et si elle veut avoir une chance de passer par-dessus, c'est là qu'il faut qu'elle commence.

— Mais ça va être l'enfer à l'école, pis les voisins...

— Laisse faire les voisins ! Et l'école, je m'en occupe. Il reste à peine deux semaines de cours, alors je suis certaine que, dans les circonstances, ils vont la laisser passer ses examens en dehors des heures normales. Si elle doit reprendre des cours, on s'organisera. En attendant, on a juste à aller s'installer au chalet. Comme ça, elle va pouvoir être tranquille. Elle ne se fera pas regarder ni poser de questions et elle ne risque pas de rencontrer qui que ce soit.

— Ça a du sens, mais faut qu'elle soit d'accord.

— Elle n'a pas le choix, Jean-François.

— Tu ne pourras pas toujours tout décider pour elle, tu sais, elle a seize ans.

— Je sais. Mais elle est pas encore majeure, que je sache ! Je sais que c'est ce qui est mieux pour elle. Elle a mal et je ne peux pas endurer de la voir comme ça. Elle ne sait plus si elle doit avoir mal, avoir peur ou vouloir se venger. Il faut qu'elle fasse quelque chose, c'est clair.

C'est à ce moment-là que je les ai rejoints.

— Maman, je veux qu'ils paient pour ce qu'ils ont

fait. Cher. Mais je serais jamais capable de les voir, de témoigner contre eux autres face à face.

— Ça sera peut-être pas nécessaire, ma chouette. Dans ces cas-là, on peut peut-être faire autrement.

— Tu penses que ça pourrait marcher comme ça, pour l'école ?

— Non, je pense pas, j'en suis certaine. Crois-moi, on paie assez cher pour que tu ailles à cette école-là. C'est bien le moins qu'ils puissent faire !

— D'abord, si je suis pas obligée de me retrouver en face d'eux autres, OK. T'as raison, maman, je veux pas avoir à toujours me demander si y vont s'en prendre à quelqu'un d'autre. Pis je peux pas imaginer qu'ils m'aient fait ça et que je suis la seule à en souffrir. C'est surtout ça. Pourquoi il faudrait que moi, j'aie mal de même et qu'eux continuent à faire le party comme si de rien n'était ?

En fait, plus tôt ce matin-là, pendant que mes parents me croyaient toujours endormie, j'avais mis un peu d'ordre dans mes idées. J'avais compris que les dénoncer était mon seul espoir de retrouver un semblant de vie. Peut-être que les premiers temps seraient difficiles, et j'appréhendais l'école plus que toute autre chose. Ça et tomber face à face avec Sébas, Yannick ou n'importe qui d'autre dans le quartier. Les solutions que ma mère proposait pour régler ça étaient fantastiques. Les faire payer pour ce qu'ils m'avaient fait me prouverait, à moi autant qu'aux autres, que j'avais raison. Et ça m'aiderait peut-être à guérir. J'imaginais Sébastien et Yannick en prison. Je les voyais privés de leur liberté, croupissant entre quatre murs alors que la terre continuait de tourner sans eux. Je les voyais se faire harceler, battre peut-être, dans ce milieu sans merci. Ils auraient perdu toute leur popularité et se retrouveraient parmi des criminels endurcis qui ne seraient pas impressionnés par des mèches blondes ou une allure de motard. Et ça me faisait sourire. En me regardant dans le miroir, je vis que c'était un petit sourire mauvais, presque méchant. Mais c'était mon premier sourire sincère — du moins, sans l'aide d'un joint ou d'un verre d'alcool — depuis cette première semaine d'avril.

* * *

Je m'étais sentie prête à affronter toutes sortes de questions, mais je perdis beaucoup de mon aplomb en arrivant au poste de police. Je laissai ma mère prendre les devants. J'étais trop intimidée pour faire autrement. Elle parla un bon moment avec un agent puis elle me regarda. Elle essayait de me réconforter, mais son sourire avait l'air forcé. Elle vint enfin me rejoindre.

— Ils vont nous faire témoigner sur vidéo et après, ils vont aller rendre visite à ce cher Sébastien et son ami Yannick.

— Maman, je suis plus certaine...

— Courage, ma chouette. Je vais être avec toi, ça va bien se passer.

Une femme est arrivée peu de temps après et nous a demandé de la suivre jusqu'à un petit bureau. Je voulais disparaître. J'aurais tant aimé avoir l'assurance de ma mère!

— Je m'appelle Diane Lévesque. Je vais d'abord vous poser quelques questions, puis, si vous êtes d'accord, nous irons dans la salle à côté pour entendre vos témoignages. Je dois effectuer un signalement à la DPJ, mais leur implication dépend de la suite des choses.

Je laissai ma mère répondre à la plupart des questions. Elle connaissait autant que moi les réponses. C'était facile jusqu'à présent. Nom, âge, adresse... Blablabla que je n'écoutais qu'à moitié. Non, pas de rapport médical. Non, plus de blessures apparentes; dommage, oui. Ça rendait les choses plus difficiles à prouver, mais pas impossible. Puis, l'agente demanda à ma mère de la suivre dans l'autre pièce. Comme ma mère était témoin, elle devait donner sa version des faits avant moi, car j'avais la possibilité de lui demander de m'accompagner lorsque ce serait mon tour. Seule, je m'efforçai de trouver quelque chose à quoi m'accrocher pour ne pas prendre mes jambes à mon cou. Une fissure sur le mur beige capta mon attention... je comptai le nombre de tuiles sur le plancher. Tout valait mieux que de penser à ce qui m'attendait.

Mon tour arriva, et je choisis d'y aller seule. Je devais me prouver que j'en étais capable.

Il n'y avait comme ameublement qu'une table, deux chaises inconfortables et une petite caméra vidéo. Les murs étaient beiges, un beige terne, froid. L'éclairage était trop fort. J'aurais préféré un peu de pénombre pour ce que j'allais faire... mais j'imagine que c'était nécessaire. Madame Lévesque me demanda de m'asseoir et une autre personne entra. Un témoin, comme il se doit, en uniforme.

— Élysabeth, je vais te poser des questions et j'aimerais que tu y répondes le plus en détail possible. Si ça devient trop difficile, tu me le dis et nous prendrons une pause. D'accord ? Tu es prête ?

J'aurais pris une pause tout de suite. Permanente, autant que possible. Mais je ne pouvais plus reculer.

Et elle débuta. La date de l'« incident », d'abord, le lieu, puis tout le reste. J'étais étonnée de pouvoir répondre; j'avais cru que j'en serais absolument incapable. Je racontai tout, du début de la soirée jusqu'à mon retour chez moi. Elle me demanda pourquoi je n'avais rien fait immédiatement. Je ne savais pas si je devrais répondre la vérité; il me semblait que la honte et la culpabilité n'étaient pas de bonnes raisons à invoquer ! Mais j'avais juré de dire la vérité, toute la vérité et rien que la vérité, alors je répondis à ça aussi. De plus, j'avouai que j'ignorais comment se nommaient les autres gars qui avaient été là ou la copine de Yannick. Au fur et à mesure que je parlais, je me trouvais de moins en moins convaincante. Mais je n'y pouvais rien et ce n'était pas à moi d'en juger.

Madame Lévesque termina en consignant la date et l'heure du témoignage et me raccompagna dans le bureau où ma mère nous attendait L'agente nous expliqua comment la suite se déroulerait. D'abord, Sébastien et Yannick seraient mis en état d'arrestation et interrogés, ensuite, on prendrait leur déclaration, puis des accusations seraient portées contre eux. Leur remise en liberté sous certaines conditions dépendait entre autres, pour Yannick surtout car il était majeur, du risque qu'ils représentaient pour la société et de la possibilité qu'ils ne se présentent pas à la cour lorsqu'ils seraient convoqués.

Madame Lévesque nous assura tout de même que, quoi qu'il advienne, ils ne pourraient avoir aucun contact avec nous. Elle ne voulait pas nous inquiéter, mais elle se fit un devoir de nous préciser que le processus serait sans doute long et difficile. Elle nous renseigna sur les différentes ressources qui étaient disponibles, pour moi, et nous fit promettre de les utiliser si nous en ressentions le besoin. Elle nous expliqua ensuite les différents scénarios possibles, les accusations qui pouvaient être portées contre les agresseurs et des peines qui en découleraient probablement. J'entendais les termes « agression sexuelle », « complicité », « voies de fait », et j'avais peine à croire qu'ils faisaient référence à moi. Je me pensais plutôt dans une série télévisée. Ceci était arrivé à Quelqu'un d'Autre, cette fameuse personne anonyme qui faisait que rien ne pouvait nous arriver, à nous, puisque ça n'arrivait qu'aux autres. Eh bien! Ce Quelqu'un d'Autre, dans ce cas, c'était moi. Et moi, j'aurais utilisé des termes plus appropriés comme «humiliation au premier degré», «blessure empoisonnée mortelle et perpétuelle» ou «dégueulasserie extrême». J'aurais aussi aimé que la peine de mort soit en vigueur. Sans procès.

Je revins à madame Lévesque qui expliquait que les avocats des accusés feraient tout pour me discréditer. Ma mère n'en revenait pas:

— Comment quelqu'un peut-il vouloir défendre des malades pareils?

— Ça, madame, je ne peux malheureusement pas vous le dire...

Ma mère était outrée, car il semblait que c'était eux qui avaient le beau jeu.

— Vous avez raison. C'est à nous, plus précisément au procureur, de prouver hors de tout doute qu'il y a eu agression. Mais croyez-moi, nous sommes de votre côté. Ce genre de choses arrive beaucoup trop souvent, et les victimes n'osent presque jamais porter plainte. Votre fille est très courageuse.

Cette dernière remarque fit grandement plaisir à ma mère. Elle m'aiderait à aller jusqu'au bout, jusqu'à la fin de ses jours s'il le fallait tant elle était déterminée. Moi, je ne le savais plus. J'essayais de puiser chez elle le courage qui me manquait, mais je doutais de tout. Étais-je vraiment prête à passer à travers tout ce cirque ?

* * *

Madame Lévesque n'a pas tardé à nous donner des nouvelles. Ma mère tenait le combiné du téléphone tellement fort que ses jointures étaient blanches.

— Ély, assieds-toi. Les policiers ont arrêté Sébastien et Yannick hier soir. Ils étaient ensemble. Les deux gars se sont mis à rire en entendant les policiers, mais ils ont trouvé ça moins drôle une fois au poste. Sébas a passé la nuit dans un centre de réadaptation et Yannick, au poste. Ils doivent comparaître devant un juge aujourd'hui.

J'étais contente, inquiète, étonnée, méfiante... Je sentais qu'il y avait plus. Elle poursuivit, d'une voix éteinte :

— Leurs deux témoignages concordent. Ils disent que tu étais d'accord pour aller là-bas avec eux, que tu t'étais collée sur Sébas toute la soirée et que tu aurais même dit que tu voulais passer la nuit au motel avec eux autres.

Mon cœur sombra. Oui, il était vrai que j'étais allée avec eux de mon plein gré. Je ne m'étais peut-être pas collée sur Sébas toute la soirée, mais je ne l'avais pas repoussé non plus.

— Le procureur a besoin que tu lui donnes le plus grand nombre de noms possible de personnes qui pourraient témoigner en ta faveur.

— Mais il n'y a personne ! Ceux que j'ai vus au festival vont dire la même chose… Le problème, c'était pas au festival, c'est après !

— Oui, je sais. Et après, il y a peu de personnes qui peuvent t'aider…

Madame Lévesque avait dit que ce serait difficile, mais je n'avais pas réalisé l'ampleur du dégât. Ma colère redoubla :

— Est-ce qu'ils vont s'en sauver de même ?

— Non, non, pas aussi facilement que ça. Le procureur va pousser plus loin, beaucoup plus loin. En attendant, même s'ils ont été remis en liberté, Sébastien et Yannick n'ont pas le droit de s'approcher de toi, de la maison ni de l'école. Si tu les vois, tu me téléphones immédiatement et on appelle la police. Tu m'as bien compris ?

— Oui, compris.

La simple pensée de voir Sébastien ou Yannick, même de loin, m'était intolérable. Aussi, c'est avec un immense soulagement que j'ai entendu ma mère m'annoncer :

— De toute manière, ma grande, fais ta valise, on s'en va au chalet. Tout est arrangé pour l'école. Tu as pas mal de rattrapage à faire et des examens à préparer.

Chapitre 19

Un geste en attire un autre...

Je passai les deux semaines suivantes au chalet. C'était le meilleur endroit où je pouvais être. J'étais bien décidée à ne pas échouer mon année scolaire, alors je me jetais dans mes livres avec l'énergie du désespoir. C'était fantastique, car pendant toutes ces heures où je tentais de comprendre certaines notions de science ou de géographie, je ne pensais à rien d'autre. Je dormais mieux, aussi. Était-ce d'avoir finalement décidé d'entreprendre quelque chose de concret et de positif qui me faisait tant de bien ? Peu importe, ça m'aidait à passer à travers les symptômes de manque qui m'avaient assaillie durant les premiers jours au chalet où j'avais eu besoin de prendre une longue gorgée de rhum ou de vodka et aurais été prête à tout pour fumer ne serait-ce que quelques bouffées d'un joint. C'était parfois terrible, ces rages, si terrible que je n'avais pas l'envie de les combattre. Mais je tenais bon. Ma mère s'en était rendu compte :

— Tu sais, je vois pas de mal à prendre un verre de temps en temps et je pense pas que le pot te pousserait éventuellement à te piquer à l'héroïne, mais... Il y a une différence entre prendre un verre avec des amis quand on est bien et prendre un coup ou fumer pour oublier et essayer d'être de bonne humeur. Ça fonctionne sur le coup, mais pas longtemps. La seule façon de redevenir heureuse, c'est en toi que tu vas la trouver. L'alcool ou la drogue ne font qu'empirer les choses, et tu finis par avoir besoin d'en prendre toujours plus parce que ton corps s'y habitue. C'est ça, le problème. C'est comme ça que tu te ramasses avec un méchant problème qui peut te suivre toute ta vie. Tu trouves pas que t'as assez de problèmes à régler comme ça?

Oui. Je trouvais que ce qu'elle disait avait du sens, et j'avais l'intention de régler mes problèmes un à la fois, pas de m'en ajouter de nouveaux. Je sentais que je pouvais y arriver, et ma mère n'était pas étrangère à cette nouvelle confiance en l'avenir qui me faisait du bien.

Nous n'avions pas beaucoup de nouvelles de madame Lévesque. Raison de plus pour me changer les idées avec la grammaire et l'algèbre! Je réussis à passer tous mes examens les soirs et un samedi. Le chalet était devenu une sorte de refuge pour moi. Ma mère, qui avait obtenu de devancer ses vacances, retournait à la maison tous les deux jours pour ramasser le courrier. Il y avait parfois des messages sur notre répondeur: des amies qui voulaient savoir comment j'allais, d'autres qui voulaient m'aider, certaines qui voulaient que je les rappelle, dont Mélo.

Et d'autres, aussi. Une fille que je connaissais à peine a laissé un message me disant que j'étais vraiment *bitch* de faire ça, que j'allais gâcher la vie de Sébas avec mes conneries, que je ne réalisais pas tout le dommage que je pouvais lui faire. Je soupçonnais ma mère de ne pas tout me dire, mais je ne cherchais pas à en savoir plus. C'était bien assez comme ça. Plus le temps passait, plus je croyais que nous avions tout fait ça pour rien, que Sébas et Yannick continueraient à couler des jours insouciants, la conscience tranquille. Ça me révoltait au plus haut point.

Mais un beau jour, au début du mois d'août, j'entendis ma mère crier alors qu'elle parlait au téléphone avec madame Lévesque.

— Quoi!? Vous êtes sérieuse? J'arrive pas à le croire. Racontez-moi tout, je vous en supplie.

Une autre fille venait de porter plainte contre Sébastien et Yannick. Je n'en revenais pas. Ainsi, après ce qu'ils m'avaient fait, ils ne s'étaient pas gênés pour recommencer! Toutefois, ma mère m'expliqua que ce qui était arrivé à cette autre fille s'était produit l'été précédent, à la Saint-Jean-Baptiste plus précisément, à un chalet pas très loin du nôtre. Je blêmis. Selon madame Lévesque, les accusations étaient plus graves, et la jeune fille n'aurait jamais eu le courage de témoigner si Ély ne l'avait pas fait avant elle.

Madame Lévesque n'avait pu nous en révéler davantage, mais elle avait conclu en disant qu'elle croyait que le procureur essaierait de faire collaborer Yannick; selon elle, les chances étaient bonnes. À vingt ans et avec ce nouveau témoignage, il risquait gros. Il serait sans doute tenté de faire réduire sa sentence en acceptant d'incriminer Sébastien.

J'étais encore une fois en proie à une foule de sentiments contradictoires. La colère, d'abord, car si cette fille avait eu le *guts* de dénoncer les coupables l'année dernière, moi, je ne les aurais jamais connus. Mais j'étais davantage soulagée et heureuse, car ce deuxième témoignage viendrait renforcer le mien. Et, surtout, je ressentais une immense gratitude envers cette fille que je ne connaissais même pas. Que lui avaient-ils donc fait? J'aurais aimé la rencontrer et la remercier. Je demandai à ma mère si c'était possible.

— Je ne sais pas dans l'état actuel des choses, mais je vais demander à madame Lévesque. Tu réalises que cette fille peut faire toute la différence?

— Oui, je sais.

— Tu réalises que pour elle, toi aussi, tu fais toute la différence?

— Oui, ça aussi...

Je passai le reste de cette journée-là à me demander qui était cette fille et ce qui lui était arrivé. J'avais l'impression de la connaître un peu sans même l'avoir rencontrée.

Ma mère revint de la maison avec une lettre à mon intention. Méfiante, je demandai à ma mère de l'ouvrir.

Une fleur était dessinée sur l'enveloppe — ça augurait plutôt bien —, mais je n'avais certainement pas envie de lire une lettre si elle contenait des reproches, des bêtises ou des menaces !

Ma mère la décacheta et commença à lire. Ses yeux se remplirent de larmes. Elle me la tendit.

Salut Élysabeth,

Je m'appelle Sarah-Jeanne. Peut-être que tu te souviens de moi. Je suis la chanteuse du groupe qui a fait la première partie de Hors La Loi au festival, en avril. Je suis aussi une amie de Mélo qui m'a dit que vous alliez à l'école ensemble avant.

Je t'écris ceci alors que je reviens à peine du poste de police avec mon amie Julianne. Elle vient de porter plainte contre Sébastien Beaudry pour quelque chose qu'elle a vécu l'année passée. Madame Lévesque ne voulait pas que tu saches qui c'était, mais comme Julianne est certaine que tu finiras par le savoir, elle m'a donné la permission de te le dire. Et, pour que tu puisses mettre un visage sur ce nom, Julianne est la claviériste de mon groupe et aussi l'ancienne chanteuse du band de Sébas, juste avant moi.

Je ne sais pas ce qui t'est arrivé, à toi, mais je peux te dire que Julianne, elle, a encore beaucoup de travail à faire pour s'en remettre. Mais grâce à toi et à ce que tu as eu le courage de faire, je pense enfin qu'elle y arrivera. Elle n'aurait jamais eu la force de dénoncer

Sébastien si ce n'avait été de toi et pour ça, je voulais juste te dire merci. Elle s'en veut de ne pas l'avoir fait avant; si elle l'avait fait, peut-être qu'elle aurait pu t'éviter ce qui t'est arrivé. Mais elle en était incapable. C'est peut-être difficile à comprendre, ce l'était pour moi. Mais je t'assure qu'elle aurait préféré mourir que de savoir qu'une autre vivait le même cauchemar qu'elle.

Elle s'en veut de ne pas s'être méfiée de lui, elle s'en veut de ne pas avoir pu l'empêcher de faire ce qu'il a fait. Moi aussi, j'ai vécu quelque chose de difficile à cause de lui, et même si ce n'était rien à côté de ce que Julianne et toi avez dû subir, moi aussi, je me suis laissé aveuglée par ce que je voulais voir de lui au lieu de voir ce qu'il était vraiment. Si tu penses la même chose, dis-toi bien que tu n'es pas la seule et qu'il est un expert pour nous faire croire ce qu'on veut bien croire; c'est son plus grand talent. J'espère enfin qu'il devra payer pour le mal qu'il a causé à tant de monde.

J'imagine que tu as tes propres cauchemars à combattre, mais sois certaine que nous sommes plusieurs à t'encourager et à penser à toi très fort; le plus dur est peut-être encore à venir.

Si tu veux nous connaître, téléphone-moi: on est toujours plus forts quand on est plusieurs...

Avec toute mon amitié, celle de Julianne, de Frédérick, de Mélo et de bien d'autres,

Sarah-Jeanne Marchand (tu peux m'appeler Saja, comme le font mes amis, si tu veux...)
450 880-6241

Je pleurais comme ma mère. Incroyable, l'effet de ces quelques mots. Ma mère s'approcha de moi et me prit dans ses bras.

— Tu vois, Ély, il y a du bon monde.

Qu'une fille que je ne connaissais pas se soit donné la peine de m'écrire, ça me bouleversait. Oui, il y avait du bon monde, du bien bon monde sur cette terre. Je mourais d'envie de les remercier à mon tour, mais je voulais le faire en personne. Dès le lendemain.

Tout ceci me rendit mon sourire. Enfin, pour la première fois depuis que j'avais fait ce geste qui m'étonnait encore, les choses s'annonçaient bien. Je savais que ce serait long, que j'aurais à attendre encore beaucoup de temps avant que ce cauchemar soit derrière moi, mais je ne me sentais plus seule, loin de là. D'avoir l'appui de ma mère était extraordinaire, de même que je me sentais maintenant capable de déplacer des montagnes. J'avais hâte au lendemain et toute la soirée, j'essayais d'imaginer la réaction de Sébastien et de Yannick en voyant les policiers, pour une deuxième fois en si peu de temps. Réaliseraient-ils qu'ils étaient faits comme des rats ? Je l'espérais. Qu'ils commencent donc à se ronger les sangs, à s'inquiéter ! Le plus tôt ils entameraient leur descente aux enfers, le mieux je m'en porterais. Et Julianne aussi.

Ce que je ne savais pas encore, c'était que leur fameuse descente aux enfers s'était déjà amorcée, et de manière bien plus brutale que tout ce que j'aurais pu imaginer.

Chapitre 20

Un drame n'attend pas l'autre...

Quand ma mère répondit au téléphone, le lendemain matin, elle avait la voix enjouée. C'était madame Lévesque. Encore de bonnes nouvelles ? Ma mère avait la bouche grande ouverte et ne disait rien. Alors que je trépignais d'impatience, ma mère raccrocha et se laissa tomber sur une des chaises de la cuisine.

— Ély, c'était madame Lévesque. Il y a eu un accident.

— Quoi ? Qui ? Qu'est-ce qui est arrivé ?

— La police s'est présentée chez Yannick hier soir. Il n'était pas là. Les agents sont allés chez Sébastien et ses parents leur ont dit qu'il était sorti. Les policiers envisageaient de faire une petite tournée des bars de la région quand ils ont été appelés en renfort. Un accident grave venait de se produire. C'était eux, Ély, Sébastien et Yannick, et il y avait deux filles avec eux. Madame Lévesque n'a pas pu m'en dire davantage, mais les deux gars et une des filles seraient dans un état critique. L'autre fille n'a presque rien, mais elle est en état de choc. On ne sait pas encore ce qui s'est passé, à part que c'est Sébastien qui était au volant et... Ils sont vraiment amochés, Ély...

J'étais stupéfaite. Un accident. Grave. Je leur avais souhaité tant de mal... mais je n'arrivais pas à croire que c'était réellement arrivé. Étais-je contente, quelque part au fond de moi ? Oui. Sans aucun doute. Mais en même temps, si c'était si grave que ça, je ne pouvais pas me réjouir. Je n'étais pas si méchante, après tout, non ? Peut-être que oui, finalement, car ma toute première réaction à l'annonce de l'accident avait été vraiment odieuse : j'espérais qu'ils meurent, ou mieux, qu'ils restent amochés pour le reste de leur vie.

J'essayais de savoir ce que ma mère pensait, de son côté, mais elle ne voulut pas, ou était incapable, de me confier son état d'esprit :

— Je ne sais pas quoi penser, ma chouette, mais c'est pas important, ce que je pense. Tout ce que je sais, c'est que si cet accident a été provoqué par Sébastien parce qu'il avait bu ou roulait trop vite, il n'est pas sorti du bois.

— On dirait que t'as pitié de lui !

— Non, pas pitié. Mais la culpabilité, ça peut aussi détruire une vie, Ély.

— Y a jamais eu de culpabilité pour ce qu'il m'a fait !

— Non, je sais. Et, juste pour ça, je ne peux pas dire que j'ai pitié. Mais tant qu'on ne saura pas comment ils s'en sortent, on ne peut rien penser. C'est de la vie de trois jeunes qu'il s'agit, Ély. Leur *vie*. Et je ne peux pas faire autrement que penser qu'ils ont des parents, ces jeunes-là, peu importe ce qu'ils ont fait...

* * *

Je me suis rendue chez Mélo avec ma mère, le lendemain, pour rencontrer Sarah-Jeanne et les autres. Ma mère et Josée, la mère de Mélo, sont parties toutes les deux à la cuisine, nous laissant entre nous.

Sarah-Jeanne était avec son amoureux, Frédérick, qui était aussi le batteur de son groupe, et Julianne, Mélo et Jonathan. Mélo m'accueillit en me prenant dans ses bras, et je lui en fus reconnaissante.

— Mélo, t'as essayé de m'avertir, faut que je te dise merci, même si je m'en veux de pas t'avoir écoutée...

Sarah-Jeanne intervint:

— Moi aussi, quelqu'un a essayé de me prévenir, Élysabeth. Mais je voulais rien entendre.

— Je voulais pas savoir, en tout cas...

Julianne s'est levée et m'a regardée. Elle avait l'air de ne pas savoir quoi dire ou quoi faire. Puis finalement:

— La lettre, c'était l'idée de Saja, mais c'est probablement la meilleure idée qu'elle a eue de sa vie. J'aurais pas été capable de te dire merci autrement.

— Écoute, c'est moi qui devrais te dire merci. Et à toi aussi, Sarah-Jeanne. Vous m'avez fait tellement de bien.

Mélo s'en mêla et trancha, un sourire crispé aux lèvres:

— Bon, on va pas rester ici tout l'après-midi à se dire merci une après l'autre. Viens t'asseoir, Ély.

Puis, elle ajouta:

— Il paraît que ça va pas bien du tout pour Sébas et Yannick. On attend des nouvelles...

Nous ne voulions pas parler de l'accident ni de Sébastien. J'avais apporté mon appareil-photo pour leur montrer les images que j'avais prises au festival. Ce serait parfait pour détendre l'atmosphère. Mélo insista pour que nous les regardions sur le grand écran de son ordinateur, et c'est avec un grand, un très grand plaisir que je pus assister à leurs réactions, *live*, devant mes yeux. Ils étaient éblouis. Sarah-Jeanne s'exclama:

— Wow, sont vraiment belles! Je me suis jamais vue de même...

Julianne approuva:

— Moi, je te vois de même tout le temps quand tu chantes, Saja. Ça, c'est la vraie toi, pas vrai Fred?

Celui-ci se contenta de hocher la tête en souriant. Ça me fit tellement plaisir. Elle avait dit: «La vraie toi.» *Yes!* Nous avons parlé du spectacle, de celui de Hors La Loi et de la formation d'Existence. Julianne traça les grandes lignes:

— Après avoir chanté dans ZigZog, le groupe de Sébastien, et après ce qui m'est arrivé, j'aimais plus chanter. C'est comme si c'était trop difficile. Ma voix est trop fragile, elle *shake.* Et Saja chante tellement bien que c'est un honneur pour moi de l'entendre chanter mes compos...

— C'est tes chansons à toi ?

Je n'en revenais pas. Et je comprenais de mieux en mieux l'atmosphère particulière, intense, presque insoutenable de ses chansons, même si je ne les avais entendues qu'une seule fois.

— Oui, c'est mes chansons, mais chaque musicien en fait quelque chose de personnel, aussi.

Saja poursuivit :

— Moi, après le party d'Halloween, je ne voulais plus chanter avec ZigZog. C'est ce soir-là que j'ai vu le vrai visage de Sébastien. Il ne m'a pas fait la même chose qu'à Julianne, et je suis sûre que je m'en suis mieux sortie que toi, Ély, mais il m'en a fait voir de toutes les couleurs quand même. Et puis j'ai enfin découvert Frédérick qui se cherchait, lui aussi, un *band*.

Ce dernier prit la parole :

— Sébas est vraiment un sale con. Je le savais déjà, mais après ce qu'il a fait à Saja et à Julianne, surtout, je pouvais plus le sentir. En tout cas, je restais avec ZigZog en attendant de trouver autre chose quand j'ai entendu les chansons de Julianne. J'ai pas pu résister !

Julianne a mis sa main sur l'épaule de Fred pour le rassurer, comme pour lui dire qu'il n'avait rien à se reprocher. Trop de liens se formaient dans ma tête. Le party de la Saint-Jean-Baptiste était sans doute celui auquel nous étions presque allés, Nico et moi. Et Saja, le soir du party d'Halloween… c'était bien à cause de Sébas qu'elle avait eu l'air aussi à l'envers. Ouf!

Ils avaient l'air d'une famille; la complicité entre eux était flagrante. Je pouvais très bien concevoir à quel point ce genre d'épreuves pouvait créer des liens, car je me sentais déjà plus près d'eux que de mon amie la plus proche. Il me restait à comprendre le rôle de Mélo dans tout ça. Saja m'expliqua :

— Mélo est la meilleure amie que j'ai jamais eue et crois-moi, quand je suis arrivée ici, en septembre dernier, j'avais vraiment besoin d'une amie ! C'est elle qui a tout arrangé pour le Festival des arts. Son père s'en occupe. C'est grâce à elle qu'on a pu jouer et ça nous a donné le coup de pied nécessaire pour monter toutes ces chansons.

— Et maintenant, demandai-je, préparez-vous autre chose ?

— Euh, oui. Mais on peut pas en parler tout de suite, annonça Saja, un grand sourire aux lèvres.

C'est à ce moment que la mère de Mélo demanda de la rejoindre au salon, car elle venait d'avoir des nouvelles fraîches.

Elle pleurait. Ma mère pleurait. Que s'était-il donc passé ?

Il s'était passé que Sébastien, qui avait trop bu — les policiers avaient trouvé un taux d'alcool très élevé dans son sang —, roulait à cent quarante kilomètres à l'heure dans une zone de cinquante et s'était fait heurter par un camion en passant sur un feu rouge. Ça, on s'en était douté. Mais le reste…

Comme il ne portait pas sa ceinture de sécurité, Sébastien était passé au travers du pare-brise et s'était écrasé avec une force incroyable sur le camion. Il avait été gravement blessé et devait subir plusieurs interventions chirurgicales. S'il s'en sortait, il y aurait sans doute des séquelles majeures. Yannick, quant à lui, avait eu les jambes et les côtes broyées. Il était dans un état critique; tous ses organes semblaient avoir été blessés. Une des deux filles qui les accompagnaient avait eu plusieurs fractures, mais elle était hors de danger. L'autre, miraculeusement, n'avait presque rien eu, mais elle était toujours hospitalisée pour un violent choc nerveux. Oui, je pouvais très bien le croire.

Ces nouvelles nous ont tous plongés dans un drôle d'état. C'était bien pire que ce que nous nous étions imaginé, et l'ampleur de la tragédie, malgré tout ce que nous pouvions ressentir envers eux, nous touchait. Josée, la mère de Mélo, conclut:

— J'imagine que l'enquête va être suspendue pendant quelque temps.

Julianne, qui n'avait rien dit jusqu'alors, murmura:

— Je suis contente qu'ils aient pas su que la police les cherchait quand c'est arrivé.

Sur le coup, je ne compris pas pourquoi elle disait ça.

— Au moins, je pourrai pas penser que l'accident était ma faute...

Josée sembla sortir d'un rêve.

— Ta faute ? Julianne, même si Sébastien avait eu cet accident après que la police lui avait parlé, tu n'aurais rien eu à voir là-dedans. Rien ! S'il a décidé de prendre le volant après avoir trop bu, c'était sa décision et tu n'y es pour rien. Je ne veux plus t'entendre dire une telle chose ! Sébastien va sûrement être poursuivi pour conduite avec facultés affaiblies ou quelque chose du genre. Il y a deux autres blessés à part lui, c'est grave, Julianne. Et ça serait arrivé même si tu ne l'avais jamais rencontré.

Oui, Josée avait raison, mais je comprenais très bien Julianne. Car j'avais pensé exactement la même chose.

* * *

Nous avons passé ensemble presque chaque jour des deux semaines précédant la rentrée scolaire. C'étaient les seules personnes que j'avais envie de voir. Puis, un samedi matin, alors que je finissais de déjeuner, ma mère a reçu un autre appel. Elle blêmit, se laissa encore une fois tomber sur une chaise et me regarda. Elle avait les yeux pleins d'eau.

— Yannick est mort.

Un autre choc. Mort comme dans vraiment, totalement mort. Il n'avait jamais repris connaissance et avait fini par succomber à ses blessures. Madame Lévesque venait de confirmer à ma mère que Sébastien, déjà en état d'arrestation mais toujours hospitalisé, serait poursuivi pour conduite avec facultés affaiblies ayant causé la mort, entre autres délits. Je me rendis au plus vite avec ma mère chez Sarah-Jeanne. Julianne et elle devaient travailler sur de nouvelles chansons ce matin-là et je ne savais pas si elles étaient au courant des derniers événements. Julianne devint toute blême, elle aussi. Elle quitta la pièce sans dire un mot. Je partais la rejoindre quand Saja m'a retenue. Je respectai son besoin de solitude. Il était impossible de mettre de l'ordre dans toutes les pensées que cette nouvelle suscitait. Ce n'était pas joli du tout. Au bout d'une demi-heure, n'en pouvant plus de les entendre tous à la fois exprimer les millions de pensées qui m'étouffaient, je partis rejoindre Julianne.

Elle était assise sur le gazon, petite boule qui avait l'air fragile. Je lui demandai la permission de m'asseoir près d'elle et elle me fit un petit sourire piteux. Puis, elle se confia à moi :

— Je pense que t'es probablement la seule à qui je pourrais dire ça, mais je me sens soulagée. J'ai toujours pensé qu'on récolte ce qu'on sème, et même si je n'aurais jamais souhaité ça à personne, je pense que c'est exactement ce qui s'est passé. C'est triste, pour Yannick, mais j'arrive pas à avoir de la peine. Je le connaissais pas tellement, et pour le peu que je connaissais de lui, je le haïssais de tout mon être. Sébas, lui, j'imagine qu'il va aller en prison. Pas à cause de moi ni de toi. Malheureusement, je pense qu'on va arrêter d'attendre des excuses de sa part ou la satisfaction de savoir qu'il est puni pour ce qu'il nous a fait parce que pour être puni, je pense qu'il va l'être. Trouves-tu ça con, ce que je dis là ?

— Non. Pas du tout. En fait, je pensais pas mal la même chose. Le résultat est le même. Peu importe la raison pour laquelle il paie, au moins, il paie. Et cher. Mais je peux pas dire que je me sens mieux.

— Non, moi non plus. J'ai jamais voulu de mal à personne...

— J'avais jamais pensé que je pourrais vouloir tuer quelqu'un comme j'ai rêvé de tuer Sébastien, et Yannick aussi.

Elle ne dit rien pendant un moment. Je me sentais plongée dans des pensées similaires aux siennes, probablement aussi sombres, en tout cas. Puis, dans un murmure, elle ajouta :

— Tu sais que, ajoutées à tout le reste, nos accusations changeront pas grand-chose.

— Je sais, répondis-je. Et tu sais quoi ? Je me demande si on devrait continuer... Je me vois pas témoigner devant lui, magané comme il est, après tout ce qui vient de se passer. Pas parce que j'ai pitié de lui, loin de là. Juste parce que je pense que ce qu'il vit, c'est pas mal...

— Je sais pas. J'y ai pensé, moi aussi, quand j'ai su pour l'accident. Mais je peux plus reculer. Il faut que j'aille jusqu'au bout, sinon, je pense que je pourrai jamais me débarrasser de tout ça et recommencer à vivre comme du monde...

Elle avait raison, évidemment. Je ne pouvais pas reculer non plus.

* * *

Quand l'école a recommencé, j'ai trouvé que tout était différent, du regard des autres élèves à mon propre regard sur eux. Marilou était au cégep. Je ne me trouvais plus beaucoup de points en commun avec mes autres amies, comme si nous vivions dans deux mondes différents. J'avais découvert en dehors de l'école d'autres créatures de ma planète, et c'était tout ce dont j'avais besoin. Ma mère et moi nous entendions aussi beaucoup mieux et je sentais que les problèmes de mes parents avaient été soit réglés, soit temporairement mis de côté. Je leur en étais reconnaissante. Pour la première fois de mon existence, je sentais qu'ils étaient mes alliés plutôt que mes adversaires. C'était assez bizarre, mais extraordinaire.

Mélo et Saja avaient déjà eu leurs premiers cours la semaine précédente, et Julianne avait fait son entrée au cégep. Elle avait l'impression de commencer une nouvelle vie; le secondaire était derrière elle et ce qui s'y était passé ne l'avait pas suivie. Ses cours de musique la comblaient et elle avait même recommencé à chanter. Ainsi entourée de musique, elle s'épanouissait de jour en jour.

Pour Mélo et Saja, c'était beaucoup plus mouvementé. De nouvelles rumeurs au sujet du « drame de l'été » circulaient chaque jour, bien plus qu'à mon école où Sébas et Yannick étaient à peu près inconnus. On pouvait aussi suivre l'affaire dans les journaux, et j'apprenais régulièrement de nouveaux détails. Même si Sébastien n'était jamais nommé car il était mineur au moment de l'accident, il était facile de repérer les articles traitant de l'accident. Ma mère hésitait à me laisser les consulter, mais j'y tenais. On y lisait que les parents de Yannick étaient révoltés et voulaient voir le conducteur ayant causé la mort de leur fils croupir en prison pour le reste de ses jours. La fille qui avait été blessée recommençait à peine à marcher, après avoir subi plusieurs opérations. Ses parents à elle aussi voulaient voir Sébas condamné pour ce qu'il lui avait fait endurer. L'autre fille, quant à elle, personne n'en avait vraiment entendu parler ou ne semblait la connaître.

Pour Sébas, je sus que les nouvelles n'étaient pas bonnes non plus. On avait raconté à Mélo et à Saja qu'il était toujours à l'hôpital et que ses blessures étaient graves. On affirmait qu'il était paralysé et qu'il passerait vraisemblablement le reste de ses jours en fauteuil roulant. Il ne parlait à personne, refusait les quelques visites auxquelles il avait droit, sauf celles de ses parents. Il était toujours en état d'arrestation et surveillé, même s'il était clair qu'il ne pouvait aller nulle part...

Un jour sa cousine a raconté à quelques filles qu'elle avait réussi à le voir, mais qu'elle le regrettait. Sans pouvoir entrer dans sa chambre, elle avait quand même pu apercevoir son visage et en était toute retournée. Selon elle, il était complètement défiguré. Une horrible cicatrice lui traversait le front et un œil, une autre le nez et la joue droite et une dernière le menton et le cou. Il était impossible de savoir à quel point la chirurgie pourrait réparer les dégâts. Ce qui était encore pire, selon elle, était la façon dont il l'avait regardée lorsqu'il avait su qu'elle l'observait. Elle avait lu dans ce regard toute la haine, toute la détresse, tout le désespoir du monde, et c'est ce qui l'avait perturbée le plus.

Quand Saja me raconta ça, je ne pus m'empêcher d'être horrifiée et peinée à la fois. J'eus même un élan de compassion et tentai d'imaginer comment Sébas pouvait se sentir. C'était impossible, bien sûr; j'imagine qu'on ne peut comprendre ce genre de choses que lorsqu'elles nous arrivent, mais je pouvais bien me figurer que ceci devait être pire que tout. Pire que la mort, même.

Quelques opérations plus ou moins réussies plus tard, comme il ne nécessitait plus de soins médicaux constants, sa mère obtint la permission de le ramener à la maison plutôt que de le voir se faire placer en détention. Il était dorénavant clair qu'il ne retrouverait plus l'usage de ses jambes et que ses cicatrices étaient permanentes. Comment arriverait-il à surmonter tout ça en plus de se retrouver en prison? Ouf! Plus le temps passait et plus je trouvais qu'il souffrait assez comme ça. J'avais beau ne lui vouloir aucun bien, je n'étais tout de même pas obligée d'empirer les choses. J'en parlai à Julianne et cette fois-ci, elle se rangea de mon côté.

— T'as raison, Ély. Sans baisser les bras, on est pas obligées d'être aussi méchantes. Je vois pas comment ça pourrait être pire pour lui, vraiment. Penses-tu qu'on devrait parler à madame Lévesque?

C'est ce que nous avons fait. Mais elle nous a fait déchanter.

— Vous savez, les filles, même si vous retirez votre plainte, la poursuite va continuer. C'est la loi et c'est comme ça. Ce n'est plus entre vos mains ni entre les miennes. C'est au procureur de poursuivre, et lui, il ne lâchera pas le morceau: il a un mandat très clair. De toute manière, les accusations auxquelles il fait face pour l'accident sont beaucoup plus graves que les vôtres. Je ne veux pas dire que ce qu'il vous a fait est moins grave, mais il est à peu près certain qu'il va être reconnu coupable d'au moins un ou deux chefs d'accusation et qu'il va faire de la prison. Et je pense que l'un des buts que vous aviez était qu'il ne fasse pas à d'autres ce qu'il vous a fait. Ça, je pense que ce n'est plus un danger...

Nous n'avions donc pas le choix. Une semaine plus tard, toute cette situation allait se régler d'elle-même. Beaucoup plus rapidement que nous l'avions pensé, mais aussi beaucoup plus brutalement.

Chapitre 21

La vie de Sébastien

Un jour, le grand quotidien de la ville a publié un témoignage de la mère de Sébastien, qui avait apparemment fait des démarches pour faire déclarer son fils inapte à subir son procès. L'article s'intitulait: « La mère d'un jeune conducteur accusé de conduite avec facultés affaiblies ayant causé la mort trouve qu'il a assez payé ! » On pouvait y lire que la mère de l'accusé, un jeune homme ayant lui-même subi de graves blessures suite à un accident de la route, jugeait que son fils était assez puni comme ça. Je ne voulais pas continuer à lire, mais l'article m'attirait comme un aimant.

« Mon fils est détruit. Il ne pourra plus jamais marcher. Il est défiguré. Il a causé la mort de son meilleur ami et en a blessé une autre; il ne le dément pas et le regrette sincèrement. Il me semble que c'est suffisant. Il souffre assez comme ça ! Chaque jour qui passe est un calvaire pour lui. Il a mal physiquement, mais il a aussi mal en dedans. Il ne peut presque plus rien faire tout seul. Je dois même l'aider à aller à la toilette, et ça va être comme ça pour le reste de sa vie. Vous imaginez-vous ce que c'est pour un jeune de son âge ? Quelle sorte de vie l'attend ? Il n'est pas capable de se prendre en main et rien de ce qu'il aimait faire avant ne l'intéresse. Il a même donné sa guitare, ce qu'il a de plus précieux, à un ami qui n'en joue même pas. En souvenir du bon vieux temps, a-t-il dit. Imaginez ! Sa guitare ! Je lui ai dit de la garder, qu'il pourrait bientôt en jouer, que les spasmes aux bras finiraient par passer, mais il n'a rien voulu entendre. Il a dit que de toute façon, meurtri comme il est, il est clair qu'il remontera plus sur une scène. Il était tellement bon ! Qu'est-ce qu'il va faire à partir de maintenant ? J'imagine que je vais être obligée de travailler pour subvenir à ses besoins, mais ça, c'est mon rôle de mère. Je ne m'en plains pas puisque c'est ce que je fais depuis presque vingt ans. Mais il faut qu'on laisse mon petit gars tranquille, on ne peut pas le laisser aller en prison ainsi. Il ne passera pas à travers... »

J'avais la gorge nouée, c'était affreux. Mais lorsque je repris ma lecture, je changeai d'idée de façon radicale :

« Il n'y a pas si longtemps, mon fils était un jeune comme tous les autres, plein de vie, plein de projets. Oh ! Il n'était pas parfait, c'est sûr, mais ce n'était pas un criminel comme certaines personnes, des filles surtout, voudraient le faire croire. C'est trop facile de courir après un beau garçon comme mon Sébastien puis de venir se lamenter après... Il est juste un jeune qui a fait une erreur en conduisant son auto ce soir-là et il le regrette. »

Quoi ? Mais de quel droit disait-elle de telles choses ? J'étais abasourdie, trop assommée pour réagir. Ma mère, elle, fulminait. Elle prit le journal, le déchira en miettes et le jeta. Les semaines à venir seraient longues et pénibles et nous n'avions qu'une chose en tête : que tout ce cirque en finisse.

Notre souhait s'est exaucé.

Plus tard ce jour-là, les parents de Sébastien ont été confrontés à une scène qui les hanterait pour le reste de leurs jours. Pendant qu'un journaliste les interviewait, Sébastien, lui, était bien occupé à régler la situation à sa façon. Il avait avalé plusieurs comprimés divers, des médicaments contre la douleur et des antidépresseurs, le tout bien arrosé de la presque totalité d'une bouteille de vodka. Un beau mélange. Quand ses parents l'ont trouvé, gisant sur le sol de sa chambre, il était déjà froid.

* * *

Madame Lévesque nous a expliqué plus tard que c'était le frère de Sébastien qui avait acheté la bouteille de vodka, la partageant même avec lui. Il prétendait ne pas savoir que Sébas avait eu l'intention de mélanger ça avec des médicaments, mais il affirmait que ce dernier lui avait dit : « *Man*, j'suis dans marde jusqu'aux oreilles. Y a rien qui va pouvoir me sortir de ça. » Le grand frère n'avait rien trouvé à lui dire. Puis, Sébas aurait conclu : « Si tu penses que je vas me ramasser en prison pis passer le reste de mes jours dans c'te chaise-là à r'garder c'qui me reste de face! Non, *man. No way.* Yan, il l'a eu facile, finalement. Y est chanceux... » Il s'agissait donc clairement d'un suicide. Je le savais assez lâche et irresponsable pour refuser de faire face à la vie qui l'attendait. Ou peut-être était-ce plutôt du courage ? Le courage de choisir la fin de tout plutôt que la souffrance ? Je ne savais plus.

Nous avons traversé des moments d'incrédulité, de colère envers lui, de chagrin aussi, car même si c'était de cet être ignoble qu'il s'agissait, c'était tout de même un être humain. De ressentir cette forme de compassion me réconforta. J'avais été inquiète de la méchanceté qui me rongeait, mais je réalisai avec soulagement qu'elle n'était pas en train de prendre possession de ma personne de façon permanente. Cette méchanceté avait un visage, n'était apparue qu'en des circonstances bien précises, et j'avais bon espoir que je pourrais redevenir la fille que j'avais été avant. Pas tout à fait, c'était bien certain — trop de choses s'étaient produites —, mais je sentais que je n'avais pas été atteinte jusqu'au fond de mon âme et de mon cœur, que j'avais cru perdus à tout jamais.

Chapitre 22

Nouveau départ

Tout doucement, la vie a repris son cours. Bien des événements qui s'étaient produits durant la dernière année m'apparaissaient encore impossibles, irréels, inconcevables, comme si tout ça était arrivé des siècles auparavant. J'imaginais qu'avec le temps, tout finirait par s'estomper.

Julianne était prise plus que jamais par ses cours, et je la soupçonnais d'écrire encore d'autres merveilleuses chansons. Chaque fois que je la voyais, elle était distraite, dans son monde, et il lui arrivait d'interrompre une conversation soudainement pour prendre des notes dans un calepin. La semaine suivante, j'appris la nouvelle du concours. J'assistais régulièrement aux répétitions du *band* dans un local aménagé au sous-sol de chez Sarah-Jeanne. J'avais appris à connaître les autres membres du groupe: Simon-Pierre, le bassiste, et Olivier, le guitariste. De vrais bouffons, ceux-là. Il était clair que Simon-Pierre était en adoration devant Julianne, mais j'avais l'air d'être la seule à l'avoir remarqué. J'en fis la remarque à Saja un soir où j'étais arrivée à l'avance. Elle me sourit et me dit:

— Non, t'en fais pas, tout le monde le sait… même Julianne, je pense. Je sais pas si elle est prête à envisager quelque intimité que ce soit avec un gars, mais j'arrête pas d'espérer qu'elle le sera bientôt et que ce sera avec Simon-Pierre.

— Elle en a vraiment bavé, hein?

— Oui. Plus que tu pourrais imaginer. Je pense vraiment que c'est d'abord la musique qui lui a sauvé la vie. Et je suis pas mal sûre qu'elle nous réserve quelques belles surprises.

Elle ne croyait pas si bien dire.

L'hiver approchait et j'avais décidé d'interrompre mes activités de monitrice de ski pour cette saison. J'y reviendrais peut-être, mais j'avais besoin de prendre une certaine distance là aussi. Mon patron avait été super gentil et m'avait dit qu'il m'accueillerait à bras ouverts si je voulais revenir l'année suivante. Je n'avais pas parlé à Émmie, ni à personne là-bas, d'ailleurs. Probablement qu'ils ne savaient rien de tout ce qui s'était passé, et je n'avais certainement pas envie de le leur raconter. Ma mère était tout à fait d'accord. Il me semblait encore étrange de la voir approuver mes décisions; c'était nouveau. Notre relation avait pris tout un tournant pour le mieux. Je sentais enfin une confiance de sa part, et elle faisait d'énormes efforts pour me laisser prendre mes propres décisions. Et moi, j'essayais d'être moins impatiente envers elle… Nous y arrivions, petit à petit.

Mes parents me firent une belle surprise en m'annonçant que nous irions passer les vacances au chaud. J'étais aux anges. Ils avaient envie de faire changement des années précédentes — surtout la dernière — et avaient besoin de changer d'air. Je savais qu'ils avaient encore des choses à régler tous les deux et souhaitais de tout mon cœur qu'ils y arrivent. Qu'ils aient envie d'aller en voyage ensemble était encourageant. De mon côté, la perspective de passer Noël et mon anniversaire sans rien pour me rappeler ceux de mes seize ans n'était certainement pas pour me déplaire. J'avais bien besoin, moi aussi, de changer d'air. Mes amis étaient heureux pour moi et je leur promis de penser à eux très fort et de leur envoyer un peu de chaleur.

— Reviens-nous juste avec un beau sourire, OK? avait dit Sarah-Jeanne.

J'en avais bien l'intention.

La veille de mon départ, deux événements assez majeurs se produisirent. Le premier était le plus inattendu. Pendant que j'étais au centre commercial pour faire quelques achats de dernière minute pour mon voyage, ma mère avait reçu un visiteur pour le moins étonnant. Quand je suis entrée chez moi, elle m'attendait pour me remettre un petit paquet. Elle semblait à la fois excitée et mal à l'aise. Curieuse, je l'ouvris et mon cœur cessa de battre. Le collier. Il était réparé, parfait, comme le soir où Nico me l'avait offert, il y avait de cela une vie.

Aucune note n'accompagnait ce curieux colis, et ma mère me jura que Nico ne lui avait pas laissé de message à me transmettre.

Je ne savais pas quoi dire et n'aurais su dire comment je me sentais. Ce collier faisait resurgir une foule de souvenirs, certains magnifiques, d'autres douloureux. Mais, étrangement, je ne me sentis pas triste, déprimée ou en colère. Plutôt nostalgique et surtout très curieuse de comprendre pourquoi il avait posé ce geste. Devais-je y voir quelque chose de plus qu'un geste d'amitié? Est-ce que je pouvais m'accrocher à l'espoir de reprendre les choses où elles s'étaient interrompues, avec lui? Peut-être, un jour, mais j'avais trop de choses à régler, de fantômes à chasser avant de penser à ça. Et Gabrielle, là-dedans? J'avais envie de téléphoner à Nico, de tout comprendre, mais je devais d'abord savoir où j'en étais moi-même. Le temps passé avec lui semblait si loin! Je n'étais plus la même, et lui non plus, sans doute. C'était tout de même étrange. Moi qui avais tant rêvé le voir revenir dans ma vie, maintenant, je n'étais plus certaine. Oui, mon cœur s'était remis à battre, il cognait comme un fou. Je l'aimais sans doute encore, l'aimerais sûrement toute ma vie! Mais ma vie, justement, il fallait y mettre encore un peu d'ordre…

Puis, alors que je me débattais avec une foule de sentiments contradictoires, à la fois déçue et soulagée de ne pas avoir pas été à la maison quand Nico était venu, Julianne et Sarah-Jeanne sont arrivées. Elles voulaient me souhaiter un bon voyage, et surtout me donner un cadeau. Un autre! Décidément... J'étais surprise et très intriguée, mais cette fois-ci, je n'avais pas le droit de satisfaire ma curiosité avant d'être rendue là-bas, en République Dominicaine. Julianne insista:

— Apporte ton lecteur de CD. Quand tu seras sur la plage, que tu te sentiras calme, prête à regarder devant toi, ouvre-le. Pas avant.

J'obéis.

* * *

C'est le soir de notre dernier jour en République Dominicaine que j'ai déballé mon cadeau. Il me semblait avoir accompli un bon bout de chemin en une semaine. Oh! Il me restait un long trajet à parcourir, mais je sentais que je commençais à y voir plus clair. Le vent du large m'a comme nettoyée; j'avais enfin l'impression d'être débarrassée d'une trop lourde couche de poussière et de mauvais souvenirs. Ah! ce vent chaud, constant, purificateur, allait me manquer, c'est certain.

J'avais hâte d'ouvrir le paquet, mais aussi un peu peur. Peur des émotions qu'il devait contenir ou faire surgir. Je savais que c'était le moment.

Un disque, une lettre et ce qui semblait être un poème. La lettre, d'abord.

Chère Ély,

Voici un petit quelque chose de nous deux. Tu l'as peut-être deviné, c'est une chanson… Je te l'offre parce que je sais que tu comprendras tout ce qu'elle peut représenter pour moi, pour nous. Elle raconte des choses qui sont arrivées, mais elle parle de toi aussi. Saja et toi, vous êtes les anges dont il est question… C'est un peu ma manière de te remercier, dans mes mots, cette fois, mais toujours avec la voix de Saja. C'est ma façon de te raconter, aussi. Je ne crois pas pouvoir te dire exactement ce qui m'est arrivé, mais je pense bien que tu vas reconnaître plusieurs choses que tu as vécues, toi aussi. Il y a pas si longtemps, j'étais presque plus capable de jouer du piano, de me regarder dans un miroir, d'imaginer que je pourrais sourire un jour. Maintenant, j'ai écrit des chansons qui, même si elles ne sont pas parfaites, m'ont fait un bien énorme. Et celle-là, je pense que c'est celle qui m'a le plus libérée. Comme si de faire face aux monstres et aux démons les rendait moins épeurants… Si elle ne te plaît pas ou que tu la trouves trop dérangeante, je m'excuse, c'était pas mon intention, il fallait juste que je l'écrive.

Joyeux Noël, Ély, et bon anniversaire. Je te souhaite que maintenant les belles années commencent…

Amicalement,

Julianne et Saja

Je commençai à lire le texte de la chanson en même temps que la musique, magnifique, emplissait mes oreilles et que la voix de Saja faisait vivre chaque mot. Le texte s'embrouilla. C'étaient mes yeux qui, pleins de larmes, continuaient malgré tout à savourer, à souffrir, à goûter cette chanson qui deviendrait pour moi le symbole d'une belle amitié, d'une grande complicité et surtout de la grande générosité de Julianne. Oui, je me reconnaissais. Et j'apprenais à la connaître, elle, au plus profond de son être.

Mon cœur s'est perdu dans la noirceur d'une tempête
Y en a trop vu, n'en pouvait plus qu'on le maltraite
J'aurais jamais pensé qu'une pierre fragile pourrait le remplacer
Y a continué à battre même si j'savais que ça pouvait pas durer...
L'âme écorchée, j'm'en suis voulu, je voulais en finir
Trop amochée pour voir qu'la vie pourrait encore m'sourire
J'ai cru que la douleur serait ma seule, ma plus fidèle amie,
Qu'elle ne me quitterait jamais et empoisonnerait chaque jour de ma vie
Mais là, quand je les espérais plus,

Des anges m'ont fait comprendre que j'avais tant d'choses à apprendre
Et que, si j'voulais un jour continuer
Faudrait que j'apprenne à m'pardonner, à m'pardonner
L'âme défigurée, t'as jamais appris à rien démêler
Étais-tu une victime toi-même, jamais vraiment identifiée ?
J'saurai jamais pourquoi t'as jamais pu regretter
Toute la douleur, la honte qu'tu nous as fait endurer
Des vies perdues, gâchées pour avoir vraiment trop triché
T'avais beau courir, ton destin a fini par te rattraper
Toutes tes erreurs, les horreurs, t'aurais pu les éviter
L'as-tu au moins, avec ton dernier souffle, réalisé ?
Et moi, quand je les espérais plus
Des vrais anges m'ont fait comprendre que j'avais tant d'choses à apprendre
Et que, si j'voulais un jour te pardonner
Faudrait que j'apprenne à plus te condamner, te condamner
Ils sont là, les anges qui m'ont sauvée
Qui m'ont tendu la main quand j'voulais presque plus respirer
J'arriverai jamais, jamais à tout oublier

Mais pour la paix d'mon âme j'peux quand même espérer
Un jour pouvoir peut-être... te pardonner, te pardonner

J'avais senti Julianne dans chaque syllabe, compris un peu mieux ce qu'elle avait enduré cette dernière année, et je la sentais tout près de moi même si des milliers de kilomètres nous séparaient. Il y avait tant de choses dans cette chanson! La détresse, la haine, la douleur, mais aussi l'espoir, un espoir palpable de regarder en avant. Je l'écoutai une seconde fois, la laissant s'imprégner en moi, lisant les paroles pour les graver dans ma mémoire. Ce qui me bouleversait le plus, au point où mon admiration pour Julianne se multiplia par mille, c'était qu'elle évoquait le pardon. Arriverait-elle vraiment à pardonner? Se pardonner à elle, je le croyais, car j'étais persuadée qu'elle n'avait rien d'autre à se reprocher que sa naïveté. Mais lui pardonner, à lui? Cette idée ne m'était même pas encore venue à l'esprit. J'avais encore trop de colère, d'amertume pour y penser, mais je compris où Julianne voulait en venir: pour aller de l'avant, vivre sa vie le plus sereinement possible, elle devait pardonner. Et je sus que ce serait la même chose pour moi. Tout un contrat...

Elle disait que j'étais un ange. Si c'est le cas, eh bien! j'imagine que tout le monde a le potentiel d'en être un.

Julianne venait de m'apprendre des milliers de choses, de me faire voir l'essentiel. Savait-elle à quel point je l'admirais ? Sans doute pas. Mais je le lui dirais, et je lui dirais aussi que pour moi, c'est elle, l'ange.

Je ne sais pas encore ce qui m'attend. Seul l'avenir le dira. Je n'ai que dix-sept ans, tout est encore possible et malgré ce qui est arrivé, j'ai bon espoir, car, comme l'a si bien écrit Sarah-Jeanne dans sa première lettre, *on est toujours plus forts quand on est plusieurs.* Je ne suis plus seule; je suis, moi aussi, entourée d'anges.

Comme vœu d'anniversaire, celui-ci et tous les autres à venir, je souhaite avoir le privilège d'être l'ange de quelqu'un et d'en avoir à mes côtés. Pour toujours.

Oui, on est définitivement plus forts quand on est plusieurs.

FIN

Remerciements

Un million de fois merci à: Virginie, ma toute première lectrice, et à Roxanne pour vos précieux commentaires; à Annie et à Nathalie, pour votre aide, votre enthousiasme et le généreux partage de vos connaissances; à vous tous et toutes qui avez cru en cette belle aventure et m'avez encouragée et motivée de mille manières, avec vos commentaires, suggestions, critiques, encouragements. Merci à mes lecteurs et lectrices pour toutes les belles et enrichissantes rencontres dans les différents salons du livre, écoles et autres, et enfin, un merci tout spécial à ma famille, mes amis et mes collègues de travail, sans vous, je n'aboutirais pas à grand-chose!

À venir dans la même série

(2010)

Cassandra en a plus qu'assez. Assez des insultes, des ricanements. Elle ne veut plus voir ni entendre les filles de son école se moquer d'elle, la mépriser, l'injurier. Et elle ne veut plus sentir le regard des garçons glisser sur elle comme si elle n'était qu'un corps auquel aucun sentiment n'était rattaché. Est-elle donc si difficile à aimer? Si au moins elle avait une amie à qui se confier! Mais ses amies, elle les a toutes chassées elle-même, en agissant comme elle l'a fait. Sa famille, elle, ne l'a jamais comprise: les «Voyons Toutoune, t'exagères!» de sa mère et l'indifférence de son père ne font qu'empirer les choses.

Fuir lui semble alors être la meilleure, la seule solution. Car la fuite, c'est aussi la liberté, non?

Persuadée qu'une vie meilleure l'attend quelque part, Cassandra tente le tout pour le tout. Puis, un soir où elle fait de l'auto-stop, survient l'accident…